Schräder-Naef
Der Lern-Trainer für die Oberstufe

Regula D. Schräder-Naef

Der Lern-Trainer für die Oberstufe

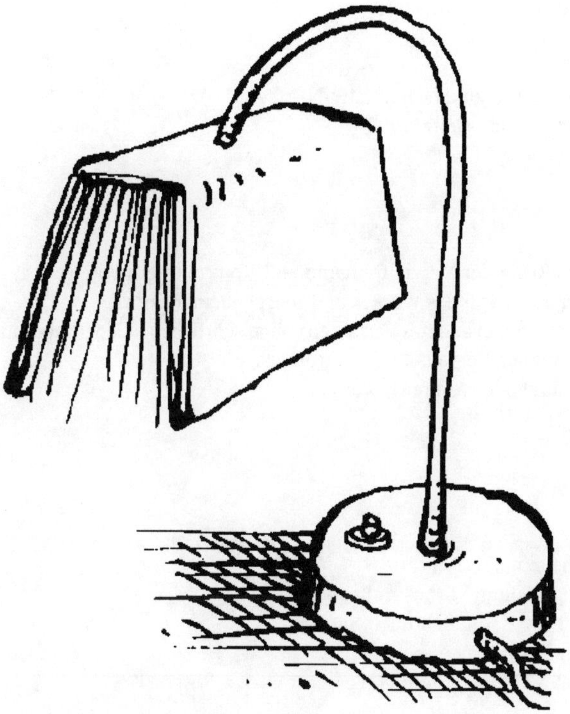

Beltz Verlag · Weinheim und Basel

Über die Autorin:

Regula D. Schräder-Naef studierte Psychologie in Zürich und Richmond (USA). Sie ist wissenschaftliche Mitarbeiterin im Kultusministerium des Kantons Zürich und leitet Kurse über Lern- und Arbeitstechniken in der BRD und der Schweiz.

Im Beltz Verlag veröffentlichte sie u.a. die Lern- und Studienhilfen »Rationeller Lernen lernen«, »Lerntraining für Erwachsene« und den Band »Schüler lernen Lernen« in der Reihe Beltz Praxis.

Die Deutsche Bibliothek – CIP-Einheitsaufnahme

Schräder-Naef, Regula D.:
Der Lerntrainer für die Oberstufe / Regula D. Schräder-Naef. –
2., überarb. Aufl. – Weinheim ; Basel : Beltz, 1992
ISBN 3-407-83091-2

2., überarbeitete Auflage 1992

Lektorat: Peter E. Kalb

Herstellung (DTP) und Innengestaltung: Klaus Kaltenberg
Umschlaggestaltung: GraphiType Bernd Schröder, Speyer
Druck: Druckhaus Beltz, Hemsbach
Zeichnungen: Amelie Holtfreter-Glienke, Berlin (West)
Printed in Germany

ISBN 3-407-83091-2

Inhaltsverzeichnis

6. Prüfungen

Anhang

Vorwort

Seit ich mich mit dem Thema »Lernen lernen« beschäftige, begegne ich immer wieder dem gleichen Mißverständnis: Lehrer und Eltern suchen nach »Rezepten«, empfehlenswerten Vorgehensweisen, die Schüler wehren sich dagegen und verkünden, daß sie lieber bei ihrem eigenen Lernweg bleiben wollen, auch wenn dieser nicht den Lehrbüchern entspreche.

Sowohl die wohlmeinenden Lehrenden als auch die widerspenstigen Lernenden übersehen dabei, daß beim Erlernen des Lernens nicht *Techniken* im Vordergrund stehen, sondern *Einstellungen.* Es gibt nicht nur einen und keinen für alle gültigen besten Weg zu lernen. Wer gelernt hat, selbständig zu lernen, hat eigene Ziele, prüft Informationen kritisch, weiß, wo er sie suchen kann, setzt sich mit Widersprüchen auseinander, übernimmt selbst die Verantwortung für seinen Lernprozeß und ist vom Lehrer unabhängig. Er kann auf verschiedene Arten zum Ziel kommen; bestimmte Techniken des Lesens, des Mitschreibens, des Ordnens oder der Zeitplanung erleichtern wohl das selbständige Lernen. Die Techniken bleiben aber nur Werkzeuge, sie sind nicht Selbstzweck.

Mit diesem Buch möchte ich den Lernenden helfen, selbständig zu lernen. Dies bedeutet, daß das Buch seinen Zweck erfüllt hat, wenn es sich überflüssig gemacht hat. Auf dem Weg dahin will es Anregungen geben, Vorschläge machen, Übungen und Standortbestimmungen ermöglichen – nicht um für alle zu schematischen Verhaltensweisen zu kommen, sondern um jedem zu ermöglichen, seinen eigenen Stil zu finden.

Ich danke Pia Sollberger, Mark Romer und meinem Mann für ihre Anregungen und das Durchlesen des Manuskripts sowie Herrn Bruno Bettoli und den Lehrerinnen und Lehrern der Berufsschule Zürich für ihre Rückmeldungen.

Zürich, Dezember 1991 *Regula D. Schräder-Naef*

1. Einleitung

Lernen mit diesem Buch

Thomas fällt das Lernen leicht. Ohne sich groß anzustrengen, kam er immer auf gute Noten. Er hat deshalb nie viel Zeit für seine Hausaufgaben verwendet. Seine Notizen sind lückenhaft, sein Vorgehen unsystematisch.
Jetzt stehen sowohl größere Prüfungen als auch eine Abschlußarbeit bevor. »Wie gewinne ich einen Überblick über den ganzen Stoff?«, fragt er sich. »Wie ordne ich meine Unterlagen, wie plane ich meine Arbeiten, um nicht zuviel Zeit mit unrationellen Methoden zu verlieren?«

Melanie arbeitet sehr sorgfältig und gewissenhaft. Alle ihre Hefte und Unterlagen sind sauber geführt, schön beschriftet, ihre Arbeiten rechtzeitig erledigt. Vor größeren Aufgaben gerät sie aber leicht in Panik: Sie weiß nicht, wie sie sich Informationen beschaffen und diese gewichten soll, verliert sich oft in Nebensächlichkeiten, lernt zuviel auswendig und traut sich zuwenig zu.

- Welche Lernprobleme habe ich?
- Will ich etwas dagegen tun?
- Bin ich mit meinen Lernmethoden und Arbeitsweisen zufrieden?
- Kann ich meinen Lernerfolg verbessern?
- Was erwarte ich von diesem Buch?

....

....

....

Dieses Buch ist voller Fragen. Es sind jedoch keine *Lehrer*fragen, keine Fragen, mit denen der »Wissende« prüft, was der Schüler weiß oder nicht verstanden hat, sondern Fragen, die sich der *Lernende* stellt.

Fragen sind der wichtigste Anstoß zum Lernen. Wer fragt, ist neugierig, will etwas erfahren, Zusammenhänge verstehen. Erste und wichtigste Hilfe zum Lernen ist es deshalb, die Neugierde zu wecken, Fragen bewußt zu machen.

Viele Schüler stehen der Schule gegen Ende ihrer Schulzeit sehr skeptisch gegenüber. Sie kritisieren die Inhalte, den Leistungsdruck, den mangelnden Bezug zu ihren Interessen und Bedürfnissen und sehen in Ratschlägen zur Verbesserung der Arbeitstechnik nur Hilfsmittel zur besseren »Anpassung an das System«. Sie übersehen dabei, daß Informationen und Wissen auch außerhalb und nach der Schule ständig kritisch aufgenommen, verarbeitet und weitergegeben werden müssen und entsprechende Techniken auch Unabhängigkeit vom Lehrer und vom Stoffplan ermöglichen.

Wenn Sie zu diesem Buch greifen, so tun Sie dies vermutlich deshalb, weil Lernen für Sie ein Problem darstellt. Sie *müssen* lernen, weil der angestrebte Abschluß, das Diplom anders nicht zu erreichen sind. Gleichzeitig sind Sie mit Ihrem Lernerfolg nicht zufrieden:

- »Andere setzen sich weniger ein und kommen auf bessere Ergebnisse«
- »Stundenlang habe ich gelernt, aber alles wieder vergessen«
- »Ich kann mich einfach nicht konzentrieren«
- »Meine Notizen helfen mir wenig bei den Prüfungsvorbereitungen«
- »Mir fehlen rationelle Lernmethoden«

Lernen im Schlaf?

Wenn die Lernanstrengungen nur wenig Erfolg bringen, entsteht bald eine Abwehrhaltung. Lernen wird eine lästige Pflicht, eine unangenehme Plakkerei, die einfach durchgestanden werden muß. Hoffnungsvoll greifen deshalb viele zu Büchern und Kursen, die ein Lernen ohne Mühe oder ein Lernen im Schlaf versprechen.

Dieses Buch verspricht dies nicht. Wer im Schlaf oder im Entspannungszustand lernt, nimmt nur auf, eignet sich kritiklos an, was andere vorgeben. Er lernt dabei nicht das Lernen, sondern höchstens das Schlucken.

Dieses Buch will dem Leser helfen, das Lernen zu lernen. Ähnlich wie bei der (richtig verstandenen) Entwicklungshilfe ist dies Hilfe zur Selbsthilfe. Ziel ist nicht die Vermittlung starrer Techniken, sondern die Darstellung von Methoden, Gewohnheiten und Einstellungen, die dem *selbständigen* Lernen dienen. Zum selbständigen Lernen führen verschiedene Wege und Vorgehensweisen.

Wichtig ist, daß die eigenen Lernziele erkannt, Wichtiges von Unwichtigem unterschieden, Informationen gezielt beschafft und kritisch bewertet werden, die Zeit bewußt geplant und gestaltet wird und eine sinnvolle und befriedigende Zusammenarbeit möglich ist.

Das Aneignen dieser Methoden kann nicht im Schlaf und nicht ohne Anstrengung erfolgen – ist aber befriedigend, weil Selbständigkeit und Orientierung in der Umwelt grundlegende menschliche Bedürfnisse sind.

Was enthält das Buch?

Das selbständige Lernen setzt nicht nur das *Wissen* um Forschungsergebnisse, bewährte Verhaltensweisen voraus, sondern vor allem auch den *Wunsch* nach Unabhängigkeit und die *Gelegenheit*, sinnvolle Wege zu erproben. Das Buch ist deshalb aus verschiedenen Elementen zusammengesetzt:

- *Fragen*, die Ziele setzen und zeigen, welche Themen aufgegriffen werden.
- *Fallbeispiele* und *Forschungsergebnisse*, die auf verbreitete Probleme hinweisen.
- *Informationen* über empfehlenswerte Techniken für die Suche nach Antworten, die Auseinandersetzung mit Wissensstoff, das Bearbeiten von Büchern, das Mitschreiben, die Gestaltung des Tages.
- *Checklisten* und Fragebogen zur Überprüfung Ihres Vorgehens.
- *Übungsaufgaben*, um neue Techniken zu erproben.

Wenn Sie mit dem Buch lernen wollen, ist Ihre Mitarbeit notwendig. Begnügen Sie sich nicht damit, zu lesen und die Lösungsvorschläge nachzusehen, sondern beantworten Sie die gestellten Fragen, führen Sie die vorgeschlagenen Übungen durch. Das ist sicher nicht immer einfach. Nur Sie selbst können aber entscheiden, ob die vorgeschlagenen Methoden für Sie sinnvoll sind oder wie Sie sie anwenden wollen. Natürlich ist auch nicht zu empfehlen, das ganze Buch in einem Zug durchzulesen. Nehmen Sie sich immer nur ein Kapitel vor.

Das Buch enthält nach der Einleitung fünf Hauptkapitel. Sie müssen nicht in der hier vorgegebenen Reihenfolge durchgearbeitet werden. Die

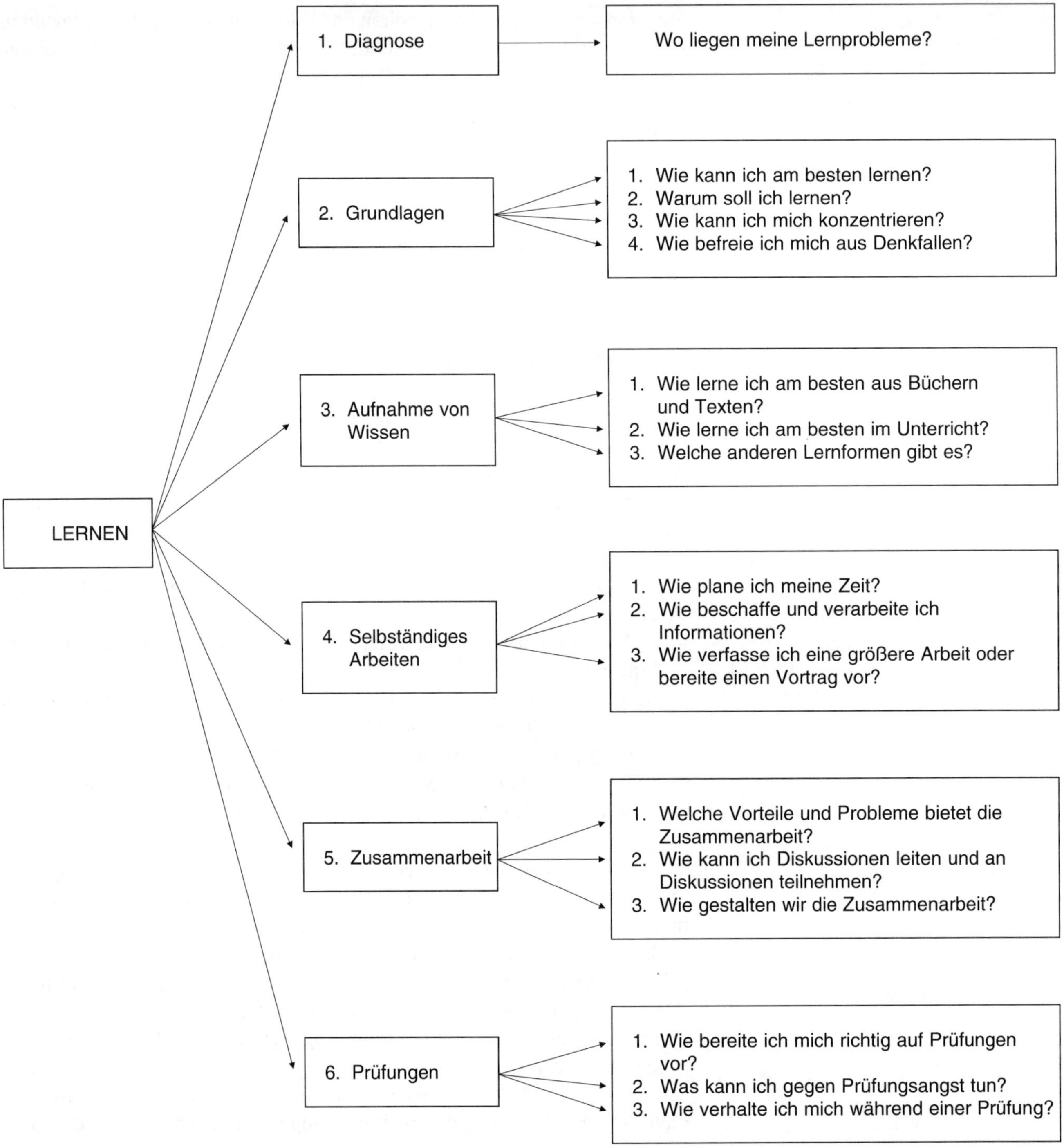
LERNEN
1. Diagnose
Wo liegen meine Lernprobleme?
2. Grundlagen
1. Wie kann ich am besten lernen?
2. Warum soll ich lernen?
3. Wie kann ich mich konzentrieren?
4. Wie befreie ich mich aus Denkfallen?
3. Aufnahme von Wissen
1. Wie lerne ich am besten aus Büchern und Texten?
2. Wie lerne ich am besten im Unterricht?
3. Welche anderen Lernformen gibt es?
4. Selbständiges Arbeiten
1. Wie plane ich meine Zeit?
2. Wie beschaffe und verarbeite ich Informationen?
3. Wie verfasse ich eine größere Arbeit oder bereite einen Vortrag vor?
5. Zusammenarbeit
1. Welche Vorteile und Probleme bietet die Zusammenarbeit?
2. Wie kann ich Diskussionen leiten und an Diskussionen teilnehmen?
3. Wie gestalten wir die Zusammenarbeit?
6. Prüfungen
1. Wie bereite ich mich richtig auf Prüfungen vor?
2. Was kann ich gegen Prüfungsangst tun?
3. Wie verhalte ich mich während einer Prüfung?

Übersicht auf der nebenstehenden Seite zeigt, mit welchen Fragen sich jedes Kapitel befaßt. Lassen Sie sich von Ihren Fragen und Problemen leiten. Haben Sie Mühe, aus Texten zu lernen, empfiehlt es sich natürlich, zuerst das Kapitel »Lesen« vorzunehmen, um anschließend die Hinweise beim Durcharbeiten des Buches anwenden zu können.

Vielleicht macht es Ihnen mehr Spaß, wenn Sie das Buch zusammen mit einer Freundin, einem Freund oder in einer kleinen Lerngruppe bearbeiten. Dann überlegen Sie am besten zuerst gemeinsam, welche Kapitel Sie am meisten interessieren, verabreden regelmäßige Treffen und bereiten sich durch das Lesen der entsprechenden Abschnitte auf ein Treffen vor. Gemeinsam besprechen Sie dann, ob und wie Sie die Hinweise anwenden können, welche Verhaltensweisen Sie ändern wollen, welche Erfahrungen Sie selbst mit verschiedenen Methoden gemacht haben und welche Ergänzungen Ihnen notwendig erscheinen.

2. Grundlagen

Lernpsychologie

– Welche Ergebnisse der Lernpsychologie kann ich beim Lernen anwenden?
– Wie lange kann ich hintereinander pauken?
– Gibt es verschiedene Lerntypen? Zu welchem gehöre ich?
– Gibt es verschiedene Lernarten? Wann werden sie eingesetzt?
– Wie behalte ich einen Überblick über umfangreiche Stoffgebiete?
– Wie kann ich besser auswendig lernen?

....

....

....

An die Lernpsychologen wenden wir uns natürlich zuerst, wenn geklärt werden soll, was Lernen ist und welche Bedingungen es behindern oder fördern.

Lernpsychologen aus aller Welt haben dazu zahlreiche Untersuchungen durchgeführt, Modelle, Formeln und Gesetze aufgestellt. Sie bilden verschiedene Schulen und vertreten widersprüchliche Modelle. Keine dieser Schulen konnte aber bisher nachweisen, daß sich sämtliches Lernen auf ein einheitliches Grundprinzip zurückführen läßt. Wer Hinweise erwartet, wie er sich am besten beim Lernen verhält, tut deshalb gut daran, sich nicht von Modellen und Formeln leiten zu lassen, sondern von konkreten Schlußfolgerungen und Ergebnissen, hinsichtlich derer die Untersuchungen übereinstimmen.

Anstelle von Lerntheorien sollen deshalb hier zehn Gesetzmäßigkeiten und Voraussetzungen zusammengefaßt werden, die für den Lernenden von praktischem Nutzen sind.

1. Signallernen: Ängste, Widerstände und Gefühle, die auf frühere Erfahrungen zurückzuführen sind, können uns beim Lernen beeinflussen und blockieren

Anfang dieses Jahrhunderts maß der russische Physiologe Iwan Pawlow die Speichelabsonderung von Hunden bei der Fütterung. Er ließ dabei jeweils unmittelbar vor der Fütterung eine Glocke ertönen. Nach einiger Zeit erfolgte die Speichelabsonderung bereits auf den Glockenton.

Als der Vater mit seinem Kleinkind auf dem Arm das erste Mal in der neuen Wohnung auf den Balkon trat, brauste ein Düsenflugzeug über ihre Köpfe hinweg. Der ohrenbetäubende Lärm erschreckte den Kleinen so sehr, daß er sich schreiend an seinen Vater klammerte. Während langer Zeit begann er schon zu schreien, wenn jemand nur versuchte, mit ihm den Balkon zu betreten.

Wenn ich in unserem Aquarium am Morgen das Licht einschalte, schwimmen alle Fische an die Oberfläche und beginnen aufgeregt zu suchen. Sie haben gelernt, daß sie unmittelbar nach Einschalten des Lichts gefüttert werden; das Licht ist für sie zu einem *Signal* für die Fütterung geworden.

Während ihres Urlaubs in Griechenland hörte Sonja immer wieder das gleiche Lied aus der Taverne nebenan. Viele Monate später im kalten Deutschland erklang das Lied aus dem Radio – und das Bild des Dorfes, des Strandes und der Taverne tauchte sofort vor Sonjas Augen auf. Sie kaufte die Platte, weil die Musik zahlreiche schöne Erinnerungen aufleben ließ.

Als *Signallernen* wird das Verbinden von zwei Eindrücken, Reizen, Ereignissen bezeichnet, die miteinander auftreten: Pawlows Hunde verbanden den Glockenton ebenso mit der bevorstehenden Fütterung wie meine Fische das Licht. Für den Säugling wurde der Balkon mit seinem Schreckerlebnis verbunden, für Sonja die Melodie mit ihren Ferienerlebnissen.

Das Signallernen erfolgt meist unbewußt. Der Lernende bleibt passiv und verändert selbst nichts.

Wichtig ist diese Lernform für den Menschen vor allem deshalb, weil viele unserer Gefühle, Einstellungen, Ängste, Vorlieben und Vorurteile darauf zurückzuführen sind.

Ein Kind ist neugierig, will lernen, herausfinden, zurechtkommen. Bei vielen Jugendlichen und Erwachsenen ist diese Lernfreude verschüttet von zahlreichen Enttäuschungen und Mißerfolgen, die mit dem Lernen verbunden werden. Sie kann aber »wiederbelebt« werden, wenn die negativen Erfahrungen durch positive ersetzt werden.

Erfolge, die mit Suggestopädie oder Superlearning erzielt werden, beruhen teilweise auf diesen Erkenntnissen: Freundliche Räume, leise Musik und positive Vorstellungen lassen die Schüler entspannen und das Lernen mit angenehmen Dingen verbinden. Die Lehrer versichern ihnen, daß sie alle gestellten Aufgaben gut und mit Freude lösen können. An die Stelle von Abwehr und Angst vor Versagen sollen Spaß am Lernen und Vertrauen in die eigenen Fähigkeiten treten. Liegen die Lernprobleme im Gefühlsbereich, können diese Methoden zu guten Resultaten führen.

Lernen Sie gerne?

Ja / Nein

Wenn Nein: **Welche Gefühle verbinden Sie mit dem Lernen?**

- Abwehr von Leistungsdruck?
- Angst vor Mißerfolg?
- Langeweile?
- ....

Worauf sind diese Gefühle zurückzuführen?

....

Sind bestimmte Fächer, Aufgaben, Lehrer für Sie mit Widerständen, Ängsten, Ablehnung belastet?

Ja / Nein

Wenn Ja: **Sind diese negativen Gefühle aus der gegenwärtigen Situation erklärbar?**

Ja / Nein

Wenn Nein: **Gibt es frühere Verbindungen (Mißerfolge bei bestimmten Aufgaben, Strafen, Lehrer, mit denen Sie nicht zurechtkamen)?**

Ja / Nein

Welche Möglichkeiten sehen Sie, diese schlechten Erfahrungen durch angenehmere abzulösen?

....

....

2. Lernen am Erfolg: Gelernt werden Verhaltensweisen, die zu wünschenswerten Ergebnissen führen

Der amerikanische Lernpsychologe Edward L. Thorndike setzte hungrige Katzen in Problemkäfige, die sich nur auf eine bestimmte Weise öffnen ließen. Aufgeregt kratzten und bissen die Tiere an den Stangen und Türen. Früher oder später führten sie dabei zufällig die richtige Bewegung aus. Bei späteren Wiederholungen benötigten sie immer weniger Zeit, um sich zu befreien, bis sie schließlich gezielt den Mechanismus betätigten, sobald sie eingesperrt wurden. Die Tiere lernten *am Erfolg* – jene Reaktionen, die zu einem erwünschten Ergebnis führten, wurden verstärkt und ihre zukünftige Wahrscheinlichkeit damit erhöht.

Erinnern Sie sich noch, wie Sie Radfahren oder Rollschuhlaufen lernten? Sie haben es versucht, sind hingefallen, haben es aufs Neue versucht, bis Sie voll Stolz ihre erste Runde drehen konnten. Kinder, die beim Hinfallen entmutigt aufgeben, die nicht aus ihren Fehlern lernen können, brauchen sehr viel länger.

Nach Versuch und Irrtum gehen wir vor allem dann vor, wenn wir ein bestimmtes Vorgehen selbst eintrainieren wollen, sowie wenn uns der Überblick über die Situation fehlt. In einem Labyrinth können wir die Wege nur ausprobieren und ein System entwickeln, um nicht mehrmals in die gleichen Sackgassen zu geraten.

Wichtig für das Lernen am Erfolg sind Situationen, in denen die erwünschte Verbindung erfolgt und zu einem für den Lernenden befriedigenden Ergebnis führt. Wünschbare Ergebnisse sind für den Lernenden beispielsweise *Lob* und die *Bestätigung*, daß er das Problem richtig gelöst hat und Fortschritte macht.

Welche Schlußfolgerungen ergeben sich daraus für den Lernenden?

- Fehler lassen sich beim Lernen nicht vermeiden. Wenn sie nicht als Versagen erlebt werden, können sie der Orientierung und Weiterentwicklung dienen.
- Erfolgreiche Verhaltensweisen werden wiederholt und gelernt. Der Erfolg beim Lernen kann im Lob des Lehrers, einer Belohnung durch die Eltern bestehen oder in der Bestätigung, daß wir auf dem richtigen Weg sind und vorankommen.

3. Systematischer Aufbau: Aufbau und Gliederung des Stoffes müssen dem Lernenden angepaßt sein

B. Skinner führte die Erkenntnisse Thorndikes weiter. Er arbeitete beispielsweise mit Ratten oder Tauben und wies nach, daß die Tiere auch komplizierte Verhaltensweisen lernen, wenn sie nach den entsprechenden Lerngesetzen trainiert werden. Dazu gehört, daß die zu lernende Reaktion in kleine, einfache Schritte zerlegt und das Tier sofort belohnt wird, wenn es sich auch nur andeutungsweise auf die gewünschte Weise verhält. Angenommen, eine Taube soll lernen, sich zweimal um sich selbst zu drehen, wenn ein rotes Lichtzeichen erscheint. Die Forscher geben in diesem Fall das Lichtzeichen und reichen dem Tier Futterkörner, wenn es auch nur den Kopf leicht dreht oder einen Fuß anhebt. Die Tiere lernen schnell, sich entsprechend zu verhalten.

Viele Unterrichtsstunden, vor allem *Lernprogramme* und der computerunterstützte Unterricht sind nach den von Skinner abgeleiteten Prinzipien aufgebaut:

- Das gewünschte Ziel (Verhalten) wird genau beschrieben.
- Der gegenwärtige Wissensstand der Schüler wird abgeschätzt.
- Der Weg vom gegenwärtigen zum gewünschten Stand wird in kleine Lernschritte unterteilt.
- Auf jeden Lernschritt folgen Fragen, die so gestellt sind, daß sie mit hoher Wahrscheinlichkeit richtig beantwortet werden.
- Seine Antworten kann der Schüler sofort auf ihre Richtigkeit überprüfen.

Das Computerprogramm kann die Antworten des Lernenden analysieren und die für ihn notwendigen Erklärungen liefern. Die sofortige Rückmeldung verhindert, daß Fehler eingeübt werden. Für Lernende ergeben sich aus diesen Gesetzen folgende Schlußfolgerungen:

- Die so wichtigen Erfolgserlebnisse sind vor allem dann möglich, wenn der Stoff auf dem gegenwärtigen Wissensstand der Lernenden aufbaut und systematisch gegliedert ist.
- Das Lerntempo der Schüler ist unterschiedlich. Ein wichtiger Vorteil von Lernprogrammen besteht darin, daß jeder Schüler in seinem *eigenen Tempo* vorangehen kann.

- Wichtig ist eine laufende *Information* über seine Leistungen und Fortschritte. Nur wenn er eine Rückmeldung (Feedback) bekommt, kann er aus seinen Fehlern lernen.

4. Soziales Lernen: Viele Verhaltensweisen werden durch Beobachtung des Vorgehens anderer gelernt

Für den Menschen ist die Gruppe sehr wichtig. Kinder lernen, sich in der Umwelt zu orientieren, indem sie ihre Eltern nachahmen. Einstellungen und Verhaltensweisen werden von Vorbildern übernommen und später durch den Austausch in Gruppen verfestigt oder geändert. Auch was wir in der Schule tun, wird von der Anwesenheit der Mitschülerinnen und Mitschüler und des Lehrers beeinflußt. Ihre Reaktionen, ihre Einstellungen, ihre Zustimmung oder Ablehnung begünstigen oder erschweren unser Lernen und unser Verhalten.

Wir können für unsere Arbeitstechnik profitieren, indem wir vergleichen, wie andere lernen, Notizen machen, planen, und prüfen, was auch für uns verwendbar ist.

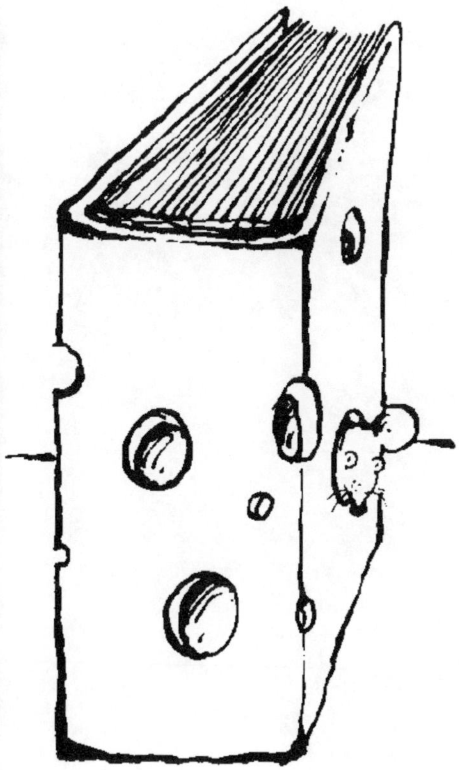

- Welche Einstellung zum Lernen vermitteln Ihre Eltern oder Lehrer? Ist Lernen eine Pflicht, ein Zwang oder etwas, das Spaß macht, die Neugierde befriedigen, wichtige Erfahrungen vermitteln kann?
- Was denken die Schulkameraden über bestimmte Fächer oder Lehrer? Lassen sie andere Meinungen zu oder stempeln sie alle, die nicht mit ihnen übereinstimmen, zu Außenseitern? Lachen sie, wenn eine Mitschülerin oder ein Mitschüler einen Fehler macht, verachten sie Kollegen, die aktiv mitarbeiten und sich für die Schule interessieren?
- Stellen Einstellungen und Arbeitsweisen Ihrer Klasse für Sie ein Problem dar?

Mehr über Vorteile und Probleme der Zusammenarbeit auf S. 145.

Übung

Nehmen wir an, Sie müßten die nachfolgenden Wörter lernen:

Gurke, Kommode, Löwe, Regal, Schlange, Kartoffel, Blumenkohl, Lampe, Kamel, Schrank, Giraffe, Bär, Rettich, Tisch, Artischocke, Gartenstuhl, Lauch, Ratte, Affe, Salat, Bett, Tomate, Armsessel, Truthahn

Welches Vorgehen führt zu einem besseren Ergebnis:

- Auswendiglernen durch häufiges Aufsagen
- Bilden von Kategorien (Gemüse, Tiere, Möbelstücke) und Ordnen nach Alphabet?

5. Kognitives Lernen: Das Bedürfnis, Gesetzmäßigkeiten zu suchen und Ordnung in seine Erfahrungen zu bringen, ist angeboren

Wenn wir uns in der Welt orientieren und zielgerichtet vorgehen wollen, müssen wir aus unseren Erfahrungen lernen können. Die Fähigkeit, Gemeinsamkeiten zu erkennen, Einzelheiten zu ordnen, Muster zu entdecken, Ursachen und Wirkungen zu verbinden, ist uns angeboren. Wir suchen nach Regeln, vergleichen mit früheren Erlebnissen, sehen Unterschiede, ordnen neue Erfahrungen bereits bestehenden zu.

Die *kognitiven Lerntheorien* betonen die Wichtigkeit dieser angeborenen Fähigkeit für das Lernen: Neue Inhalte und Erfahrungen werden mit dem bereits vorhandenen Wissen verknüpft und neue Muster und »Netze« geschaffen.

Der Gegensatz zu den Lerntheorien Skinners und Thorndikes ist offenkundig: Während bei den Konditionierungen beliebige Inhalte durch Belohnungen verknüpft werden, liegt das Schwergewicht hier auf der Einsicht des Lernenden, seiner Übersicht über die Situation, seinem aktivem Erkennen und Ordnen.

Die verschiedenen Lerntheorien führen auch zu unterschiedlichen Vorgehensweisen und Empfehlungen. Gleiche Aufgaben können mit verschiedenen Strategien angegangen werden: Große Stoffgebiete können gelernt werden, indem wir sie schrittweise auswendig lernen und Einzelheiten an-

Zwei Gruppen von Studenten erhielten Listen, die jeweils 10 Wörter umfaßten. Die Versuchsgruppe wurde aufgefordert, aus den 10 Wörtern eine Geschichte zu konstruieren, die alle diese Wörter enthielt. Beispiel: Der *Holzfäller stürzte* aus dem Wald, *schlitterte* um eine *Hecke* hinter einer *Kolonie* von *Enten.* Er stolperte über ein *Möbelstück,* zerriß sich die *Strümpfe,* während er zu dem *Kissen* hastete, auf dem die *Hausfrau* lag. Der Kontrollgruppe stand die gleiche Zeit zum Lernen der Liste zur Verfügung, doch wurde ihnen keine besondere Anleitung gegeben. Nach dem Lernen von 12 Listen wurden beide Gruppen gebeten, alle gelernten Wörter wiederzugeben. Die Teilnehmer der Versuchsgruppen konnten 93% aller Wörter wiedergeben, jene der Kontrollgruppe lediglich 13%.

einanderreihen, oder indem wir zuerst die Zusammenhänge herstellen, einen Überblick gewinnen, eine Struktur bilden und dieses Netz erst dann mit den Einzelheiten füllen.

Sinnvolle Verknüpfungen fördern auch das Lernen von unzusammenhängenden Einzelfakten (siehe Kasten).

Das einsichtige Vorgehen ergibt bessere Resultate – in der Schule wird aber noch allzu oft das schrittweise Auswendiglernen gefördert und belohnt.

Eine ständige Rückbestätigung und Erfolg fördern zwar die Lernleistungen, führen aber auch zu Abhängigkeit: Es ist einfacher, sich leiten und loben zu lassen, als seinen Weg selbst zu suchen und dabei auch Fehler und Irrwege in Kauf nehmen zu müssen.

6. Die eigene Aktivität fördert das Lernen

Falls Sie einmal einen Weg, den Sie immer nur als Beifahrer gesehen haben, selbst fahren oder einem Touristen beschreiben mußten, wissen Sie, wie schwer dies oft fällt und wie wichtig demnach die eigene Aktivität ist. In die gleiche Richtung weist auch das Kätzchen-Experiment (s. Kasten auf S. 24).

Wie wichtig die eigene Aktivität ist, wissen schon sehr kleine Kinder: Sie wollen alles selber machen, sich selber anziehen, selber essen, alleine in den Bus klettern – und bringen ihre Mütter oft zur Verzweiflung, weil sie lautstark gegen jede Hilfe protestieren.

Kätzchen aus dem gleichen Wurf werden täglich mehrere Stunden in eine Anlage gebracht. Eines der Kätzchen muß die Zeit in einer aufgehängten Tragetasche verbringen, von der aus es die ganze Umgebung beobachten kann. Die Trage ist durch eine einfache mechanische Anordnung mit dem anderen Kätzchen verbunden, das sich frei bewegen und alles untersuchen kann. Der »Schaukelpassagier« sieht die gleiche Umgebung, empfängt die gleichen bewegten Bilder, muß aber passiv bleiben. Außerhalb dieser Anlage werden die Kätzchen mit ihrer Mutter im Dunkeln gehalten. Nach einigen Wochen zeigen Tests, daß das aktive Kätzchen gelernt hat, sich zu orientieren und seine Umgebung einzuschätzen, während das passive Kätzchen nichts gelernt hat. Zum Erlernen der visuellen Unterscheidungsfähigkeit ist die eigene Aktivität und ein ständiges Feedback erforderlich.

Eine eigene Aktivität ist beim Lernen bei verschiedenen Stufen möglich: Wir können uns selbst die Lernziele setzen, uns selbst auf die Suche nach den erforderlichen Informationen und Bücher machen oder diese aktiv verarbeiten. Die aktive Verarbeitung besteht beispielsweise darin,

- daß wir den Stoff gliedern,
- ihn wenn nötig durch Titel und Untertitel übersichtlicher machen,
- daß wir Zusammenfassungen oder Auszüge wichtiger Abschnitte schreiben,
- nach Zusammenhängen und Beziehungen zu anderem Wissensstoff suchen, nach Beispielen und Anwendungsmöglichkeiten,
- eine Tabelle, Skizze, Mind Map (vgl. S. 89) oder Diagramme erstellen, um einen besseren Überblick über die verschiedenen Informationen zu erhalten.

Auch wenn alle diese Tätigkeiten auf den ersten Blick aufwendig erscheinen, sparen wir damit letztlich Zeit: wir lernen den Stoff viel besser und dauerhafter, als wenn wir fertig gelieferte Tabellen und Gliederungen lesen.

7. Zeiteinteilung: Die Länge der Lernperioden beeinflußt die Lern- und die Gedächtnisleistung

Ende des letzten Jahrhunderts wies der Gedächtnisforscher H. Ebbinghaus nach, daß er für das Lernen der gleichen Anzahl sinnloser Silben nicht nur wesentlich weniger Zeit benötigte, wenn er die Arbeit auf mehrere Tage verteilte, als wenn er alle auf einmal lernen wollte, sondern daß die Silben auch besser und länger im Gedächtnis blieben.

Die gleichen Gesetzmäßigkeiten wurden beispielsweise auch beim Lernen von fremdsprachigen Vokabeln oder beim Schreibmaschinenschreiben nachgewiesen: Gruppen, die lange tägliche Lernetappen durchführten, lernten langsamer und schlechter als andere Gruppen, die die gleichen Aufgaben auf mehrere kürzere Etappen verteilten.

Von diesen Erkenntnissen profitieren wir vor allem beim Auswendiglernen. Wir teilen die zu lernenden Vokabeln auf und lernen täglich nur kurze Zeit. Am nächsten Tag prüfen wir, welche wir noch können, üben die andern nochmals und nehmen eine Anzahl neue dazu. Über tägliche kurze Lernetappen, Wiederholungen und Ergänzungen lernen und behalten wir am besten.

Daraus läßt sich auch ein Spiel machen: Wir schreiben jede Vokabel auf einen kleinen Zettel: auf der Vorderseite das fremdsprachige Wort, auf der Rückseite die deutsche Übersetzung. Wir nehmen ein Zettelchen nach dem andern vor und versuchen, uns an die Übersetzung zu erinnern. Durch einen Blick auf die Rückseite wird die Richtigkeit kontrolliert. Stimmt es, legen wir das Zettelchen beiseite, wenn nicht, kommt es wieder in den Stoß. Gelegentlich werden auch die »gekonnten« nochmals kontrolliert.

Das gleiche Spiel läßt sich natürlich auch mit chemischen Formeln, geschichtlichen Daten oder geographischen Begriffen durchführen.

Wenn wir die Kärtchen bei uns tragen, finden wir oft unterwegs Gelegenheit, sie kurz durchzusehen: im Bus oder Zug, wenn wir irgendwo warten, in einer Zwischenstunde.

Wenn wir oft auswendig lernen müssen, lohnt es sich einen *Lernkasten* zu basteln. Dazu unterteilen wir eine Schachtel in fünf oder sechs Fächer.

Alle neuen Lernzettel kommen zuerst ins erste Fach. Beim Abfragen stekken wir jene Zettel, an deren Vokabeln, Formeln oder Zahlen wir uns richtig erinnern, ins zweite Fach, die anderen bleiben im ersten. Am nächsten Tag prüfen wir erneut die vordersten Zettel und verfahren in gleicher Weise. Haben sich im zweiten Fach eine Anzahl Zettel angesammelt, nehmen wir sie uns wieder vor: Die »gekonnten« kommen ins dritte Fach, die vergessenen zurück ins erste. Begriffe, die auf diese Weise über mehrere Wiederholungen bis ins hinterste Fach gelangt sind, sind zuverläßig gelernt.

8. Gedächtnishemmungen: Unser Aufnahmevermögen ist begrenzt

»Wetten, daß es mir gelingt, 500 Zahlen in kurzer Zeit auswendig zu lernen und in der richtigen Reihenfolge wiederzugeben«. Solche und ähnliche Wetten kommen in der beliebten TV-Show immer wieder vor und werden zum Staunen der Zuschauer auch gewonnen. Versuchen wir selbst, auch nur eine Telefonnummer zu behalten, stoßen wir auf Schwierigkeiten.

Auch wenn wir uns noch sehr bemühen – unser Aufnahmevermögen ist begrenzt. Nur einen Teil unserer Umgebung nehmen wir wahr, nur einen Teil dessen, was wir wahrnehmen, nehmen wir bewußt auf, und von den Inhalten, mit denen wir uns befassen, speichern wir wiederum nur einen Teil.

Natürlich ist es auch gar nicht erstrebenswert, alles zu speichern – die Beschränkung ist ein sinnvoller Schutz gegen die Informationsüberflutung und Überlastung. Entscheidend ist aber die Auswahl der *richtigen* Informationen.

Gleichzeitig können wir nur wenige Elemente aufnehmen. Nur was für uns bedeutsam ist und was mit bereits vorhandenem Wissen sinnvoll verknüpft werden kann, vergessen wir nicht. Die gleichen Inhalte (beispielsweise die Nachrichten der Tagesschau) werden von den einen Leuten sofort wieder vergessen, weil es für sie zusammenhanglose Einzelheiten sind, von andern aber, die die jeweiligen Hintergründe und Zusammenhänge kennen, aufgenommen und behalten.

Lernstrategien, die zum besseren Behalten führen, lassen sich in zwei Gruppen unterteilen:

- Strategien, mit denen Einzelheiten und isolierte Informationen miteinander oder mit bereits gespeichertem Wissen *verknüpft oder angereichert* werden (Elaborationen).
- Strategien, mit deren Hilfe der Umfang des neuen Wissensstoffes *auf das Wesentliche* reduziert wird: es wird ausgewählt, verdichtet, gewichtet, zusammengefaßt.

Die Zahlengedächtniskünstler bedienen sich vor allem der ersten Strategie: Sie machen die Zahlen für sich sinnvoll, indem sie sie mit Personen, Orten, Buchstaben verknüpfen und statt einer großen Zahl von Einzelheiten ganze Bilder oder Geschichten speichern.

- Der oft gehörte Spruch »Mein Gedächtnis ist wie ein Sieb!« läßt sich auch anders formulieren: Das Gedächtnis arbeitet wie ein Netz. Was sich damit verknüpfen läßt, fällt nicht durch die Maschen.
- Die beste Verankerung von neuen Kenntnissen sichern wir, indem wir die Beziehungen zu anderen Informationen herstellen, nach Querverbindungen suchen, bewußt einordnen.
- Müssen wir einzelne Informationen behalten (Jahreszahlen in der Geschichte, fremdsprachige Vokabeln, Formeln in den Naturwissenschaften), können wir diese Strategie auch anwenden: »*G*eh *d*u *a*lter *E*sel *h*ole *Fis*che« für die Reihenfolge der Kreuztonarten oder Erfinden von Verbindungen zum Merken von Fremdwörtern.
- Alle »Eselsbrücken« (»Der Spatz geht nicht spazieren«, »Auf der Oder schwimmt kein Graf«) beruhen auf diesem Prinzip: Es werden Verbindungen oder Verknüpfungen hergestellt, die das Behalten erleichtern.

Manche Kinder kennen Dutzende von Werbespots auswendig: Die Werbestrategen sorgen dafür, daß angenehme Gedanken (sympathische Menschen, traumhafte Landschaften) mit ihren Produkten verbunden werden: Musik, Reime, Sprüche sorgen zudem für ein müheloses Behalten.

- Beim Lernen ist aber die zweite Strategie genauso wichtig: Wir müssen entscheiden, welches die wichtigsten Inhalte, die Schlüsselbegriffe, sind, die wir behalten wollen, und welches lediglich Ausschmückungen, Beispiele, Einzelheiten. Eine gute Hilfe kann es sein, die wichtigsten Inhalte eines großen Gebietes auf einem Blatt übersichtlich darzustellen (Tabelle, Graphik, Mind Map – siehe Beispiel S. 31).
- Entscheidend ist auch, was wir unmittelbar nach dem Lernen tun: Kommen neue Inhalte dazu, bevor die anderen sicher gespeichert sind, gehen

Lerntyp-Fragebogen

	So gehe ich meistens vor	So lerne ich am liebsten	So ist der Erfolg am größten
Ich erhalte gute mündliche Erklärungen			
Ich lese ein gut aufgebautes Fachbuch			
Ich sehe einen Film, ein Video			
Ich suche selbst nach Informationen, vergleiche, fasse zusammen			
Ich arbeite am Computer			
Ich zeichne, erstelle Übersichten, Tabellen, Graphiken			
Ich diskutiere den Stoff mit anderen			
Ich arbeite allein			
Ich kann meine Zeit selbst einteilen			
Ich muß mich an Fristen halten			

Welche Lernsituation entspricht mir am besten?

....

....

Welche Schlußfolgerungen will ich daraus ziehen?

....

....

Welche Möglichkeiten habe ich, meinen bevorzugten Lernweg einzusetzen?

....

....

viele wieder verloren. Ruhen wir uns dagegen aus oder wenden wir uns völlig anderen Dingen zu, ist die Gedächtnisleistung wesentlich besser. Um unser Aufnahmevermögen nicht zu überschreiten, wechseln wir bewußt zwischen dem Einprägen von neuen Informationen und dem Sichern (Wiederholen, Anwenden), zwischen Lesen und Schreiben, zwischen Konzentration und Entspannung.

9. Es gibt verschiedene Lernwege und Lerntypen

Fragen Sie einmal Ihre Familienmitglieder und Ihre Klassenkameraden, wie sie am besten lernen. Manche lernen am schnellsten, was sie hören, andere, was sie sehen. Manche arbeiten am liebsten allein in ihren vier Wänden, andere bevorzugen die Gruppe und die Anregung durch Kollegen. Welches ist Ihr Lernstil? Mit welchem Vorgehen haben Sie den größten Lernerfolg? Der Fragebogen auf Seite 28 soll Ihnen helfen, sich darüber mehr Klarheit zu verschaffen.

Auch jeder Lehrer hat natürlich einen bevorzugten Lernweg: Der eine erklärt nur anhand abstrakter Formeln, ein anderer vor allem durch Sprechen und Erklären. Wenn Sie selbst am besten durch Anschauung lernen, werden Sie bei diesen Lehrern Verständnisprobleme haben.

Wichtig ist deshalb,
- daß Sie sich klarwerden, zu welchem Lerntyp Sie gehören;
- daß Sie beim Lernen Ihren bevorzugten Lernweg einsetzen: Schreiben Sie Gehörtes auf, fertigen Sie eine Skizze an, stellen Sie es sich anschaulich vor, führen Sie eine beschriebene Tätigkeit selbst durch. Wer am besten über das Gehör lernt, kann sich Texte oder Vokabeln auf ein Tonband sprechen, wer von Diskussionen profitiert, sich mit Lernpartnern verabreden.

10. Motivation: Die Einstellung spielt eine wichtige Rolle

An einem strahlenden Sommertag muß Tom zur Strafe für vorangegangene Missetaten den Gartenzaun streichen. Er hat dazu überhaupt keine Lust und fürchtet zudem den Spott seiner Kameraden. Tom findet aber einen Ausweg: Als der erste Junge auftaucht, schwärmt er mit so glühender Begeisterung von den Freuden des Zaunstreichens, daß dieser darum bettelt, auch daran teilhaben zu dürfen. Im weiteren Verlauf des Tages sitzt Tom gemütlich im Schatten und beobachtet die anderen Jungen, denen er im Tausch gegen begehrenswerte Dinge großzügig die Erlaubnis zum Streichen erteilt hat.

Die hübsche Geschichte steht hier nicht, um Sie anzuregen, auf ähnliche Tricks zu sinnen. Sie soll zeigen, wie entscheidend die Motivation bei allen Tätigkeiten – und selbstverständlich auch beim Lernen – ist. Inhalte, an denen wir Interesse, zu denen wir eine persönliche Beziehung haben, lernen wir mühelos und schnell. Die Schülerin, deren erste Liebe nur französisch spricht, lernt diese Sprache ganz anders als ihre Kollegin, der das Land und die Leute fremd sind.

- Was läßt sich gegen Motivationsprobleme tun?
- Können wir selbst unsere Motivation beeinflussen?

Weil die Motivation beim Lernen so wichtig ist, ist ihr ein eigenes Kapitel gewidmet.

Zusammenfassung

Die eigene Aktivität, die Einsicht in die Zusammenhänge und die Anwendung sind beim Lernen von großer Bedeutung. Prüfen Sie deshalb selbst, welches die wichtigsten Aussagen und Schlußfolgerungen zu den zehn in diesem Kapitel erwähnten Lerngesetzen sind. Zur besseren Übersicht können Sie für Ihre Stichworte die nachfolgende Tabelle verwenden: In der Kolonne »Auswirkungen« beschreiben Sie kurz, welche Zusammenhänge genannt wurden; unter »Folgerungen für den Lernenden« können Sie eintragen, welches Vorgehen aus diesen Ergebnissen abgeleitet oder empfohlen werden kann.

Ein Lösungsvorschlag befindet sich auf S. 185.

Lerngesetz Lernvoraussetzungen	Auswirkungen	Folgerungen für den Lernenden
1. Signallernen		
2.		
3.		
4.		
5.		
6.		
7.		
8.		
9.		
10.		

Persönliche Schlußfolgerungen

Welches Lerngesetz habe ich bisher zuwenig beachtet?

....

Welche Empfehlung will ich in Zukunft vermehrt berücksichtigen?

....

Motivation

- Warum lerne ich? Warum gehe ich zur Schule?
- Wann macht mir das Lernen Spaß?
- Welche Rolle spielt die Motivation beim Lernen?
- Was kann ich zur Verbesserung meiner Motivation tun?

....

....

....

Es ist kein Zufall, daß das Thema Motivation in diesem Buch weit vorne steht: Es ist für die Lern- und Arbeitstechnik von großer Bedeutung. Manche Lernprobleme sind in erster Linie Motivationsprobleme. Obwohl die Motivation kein Bestandteil der Arbeits»technik« ist, besteht zweifellos eine Wechselwirkung: Wer gut motiviert ist, ein klares Lernziel vor Augen hat, wird Hinweise zur Verbesserung der Arbeitstechnik schneller und systematischer anwenden als ein anderer, der nicht einsieht, wozu er sich mit neuem Wissensstoff herumplagen soll; andererseits können gute Lernmethoden und die damit erzielten Erfolge die Freude an der selbständigen Arbeit erhöhen und die Lernmotivation verbessern.

Primäre und sekundäre Motivation

Nicht jeder, der morgens um 6 Uhr aus dem Bett springt, tut dies, weil er Spaß an der Morgenstunde hat und nicht mehr schlafen kann; viele (vermutlich die meisten) werden vom Gedanken an die unangenehmen Folgen des Weiterschlafens (keine Zeit mehr fürs Frühstück, Bus weggefahren, Strafen fürs Zuspätkommen, unerledigte Arbeit) herausgetrieben.

Die Motivationstheorie unterscheidet primäre und sekundäre Motivation. Wer *primär* zu einer bestimmten Handlung (zum Beispiel Aufstehen) motiviert ist, tut sie um ihrer selbst willen, wer nur *sekundär* motiviert ist, wird von damit verbundenen Nebeneffekten bestimmt.

Die Tätigkeit des Lernens wird somit von primär Motivierten aus Neugier, aus Freude an der Erweiterung der eigenen Kenntnisse oder am Erwerb bestimmter Fertigkeiten ausgeführt. Sekundär motivierte Schüler lernen, weil sie schlechte Noten, einen Verweis von der Schule oder den Zorn der Eltern fürchten, weil sie einen bestimmten Abschluß erreichen müssen, weil vielleicht eine Belohnung winkt oder weil sie andere mit ihren Leistungen beeindrucken wollen.

Diese Unterscheidung ist nicht nur deshalb wichtig, weil es für jedermann wesentlich angenehmer ist, Tätigkeiten auszuführen, zu denen man primär motiviert ist. Wer sich für einen Lerninhalt besonders interessiert, wird ihn auch leichter aufnehmen und länger (über das Prüfungsdatum hinaus) behalten als der sekundär Motivierte; er wird in seinem Einsatz zudem auch fortfahren, wenn Belohnungen oder Strafen wegfallen.

Widrige Umstände

Natürlich ist es sinnlos, eine gelangweilte Oberstufenklasse mit guten Worten zu »primärer Motivation« bewegen zu wollen. Wenn das Lernen aus Neugier in den höheren Schulklassen so selten geworden ist – während kleine Kinder meist mehr fragen und wissen wollen, als ihren Eltern lieb ist –, liegt die Ursache sicher nicht beim einzelnen Schüler.

Versteht man Wissensdrang als »Hunger« nach Informationen und Kenntnissen, können die meisten Schüler als überfüttert gelten; allerdings weniger, weil ihr Aufnahmevermögen nicht ausreichen würde, als vielmehr, weil ihnen Antworten gegeben werden, nach denen sie nicht gefragt haben, und Lernstoff »eingetrichtert« wird, den sie nicht gesucht haben oder dessen Sinn sie nicht einsehen.

Stoffpläne und Prüfungsreglemente bestimmen, mit welchen Inhalten sich die Schüler auseinandersetzen; für die individuellen Interessen bleibt wenig Raum. Auch wenn Fragen auftauchen, sich aus aktuellen Begebenheiten das Bedürfnis nach Informationen zu einem bestimmten Gebiet ergibt, besteht in der Schule oft wenig Gelegenheit, darauf einzugehen.

Auch interessierte Schülerinnen und Schüler werden oft von der Übermacht der unangenehmen Nebeneffekte erdrückt. Wenn die Noten zu wichtig werden, wenn der Numerus Clausus oder eine Nichtversetzung droht, wird mancher zum nüchternen Berechnen gezwungen, der sich sonst eingehend mit seinen Interessensgebieten befassen würde.

Diese »widrigen Umstände« lassen sich auch von Arbeitstechniken nicht ausmerzen. Wenn wir darüber aber unsere übergeordneten Ziele nicht aus den Augen verlieren wollen, können wir unsere Motivationsprobleme auf verschiedene Weise angehen.

Wie kann ich meine Motivation beeinflussen?

1. Warum lerne ich?

An erster Stelle steht das Klarwerden über meine eigenen Ziele und Bedürfnisse. Welche Vorstellungen habe ich von meiner Zukunft, was ist mir wichtig, was will ich lernen?

Was gehört zur Verwirklichung dieser Ziele? Welche Kenntnisse muß ich erwerben, welche Prüfungen bestehen, welche Abschlüsse erreichen, welche Fertigkeiten einüben?

Jede Schule nennt ihre Ziele: Vermittlung einer Allgemeinbildung, Schulung der Sprachfähigkeit, Erziehung zum selbständigen Denken. Welche Übereinstimmung besteht zwischen meinen eigenen und den Zielen der Schule?

Besteht mein Problem vor allem darin, daß ich keine klaren Zukunftspläne habe und mir nicht schlüssig bin, welcher Weg für mich der richtige ist? In jeder Stadt gibt es Berufsberatungsstellen, die bei dieser Entscheidung helfen können. Auch Bücher, Broschüren, Informationsschriften über bestimmte Berufe und Ausbildungswege können der Orientierung dienen (vgl. z.B. R. Schmid, 1986)

Auch wenn wir ein klares Ziel vor Augen haben, gibt uns dies nicht immer den richtigen Schwung für die tägliche Arbeit. Wichtig sind deshalb *Zwischenziele.* Einzelne Zwischenziele werden von der Schule oder der Universität vorgegeben (z.B. Bestehen von Prüfungen), und viele Schüler und Studenten lassen sich in ihrem Arbeitseifer weitgehend von diesen, von anderen bestimmten Zielen leiten. Das Bedürfnis, selbst Kontrolle auszuüben (vgl. Kasten), kommt dabei zu kurz. Förderlicher für unsere Motivation wirken deshalb Ziele, die wir uns *selbst* setzen:

Das starke Bedürfnis nach Kontrolle

Freiwillige Teilnehmer eines Experimentes wurden unangenehmen Bedingungen wie Lärm oder leichten Elektroschocks ausgesetzt. Der Versuchsgruppe wurde erläutert, daß sie die unangenehmen Einwirkungen durch einen Knopfdruck beenden könnte, die Kontrollgruppe hatte diese Möglichkeit nicht. Trotz gleicher Stärke wurden die Belästigungen von der Versuchsgruppe als wesentlich weniger unangenehm empfunden als von der Kontrollgruppe.
In einer anderen Untersuchung wurden Bewohner eines Altersheims regelmäßig von Studenten besucht. Eine Gruppe von alten Leuten konnte Termine und Dauer der Besuche selbst bestimmen, der anderen wurden die Termine einfach mitgeteilt. Die erste Gruppe erwies sich nach zwei Monaten nicht nur als zufriedener, sondern auch als gesünder und lebhafter.
Die beiden Untersuchungen zeigen, daß die Menschen ein starkes Bedürfnis haben, selbst Kontrolle über Ereignisse auszuüben; dieses Bedürfnis besteht nicht nur hinsichtlich unangenehmer, sondern auch hinsichtlich angenehmer Dinge.

- »Bis Ende der nächsten Woche will ich dieses Buch gelesen, diese Aufgabe bewältigt haben«.
- »Am Ende dieses Quartals will ich meine Vokabellücken aufgearbeitet haben, ich werde täglich eine Viertelstunde dafür einsetzen«.

Am besten schreiben wir diese Pläne auf und haken jeden Abend ab, was erledigt ist.

Oft fällt uns vor allem der *Anfang* schwer: Wir können uns nicht entschließen aufzustehen, das spannende Buch wegzulegen und uns an den Schreibtisch hinter die Aufgaben zu setzen. Wenn wir wissen, daß etwas Unangenehmes auf uns wartet, ist uns jede Ausrede recht, um den Beginn noch weiter hinauszuschieben.

Wir können aber am Ende einer Arbeitsetappe schon für die nächste vorsorgen,
- indem wir an einer Stelle abbrechen, an der der Faden leicht wieder aufgenommen werden kann;
- indem wir bereits kurz skizzieren, was wir das nächste Mal tun wollen.

Für jedes Fach gibt es Lernziele, jede Unterrichtsstunde hat einen bestimmten Stellenwert auf dem Weg zu diesen Lernzielen. Wenn Sie und Ihre Klassenkameraden mit einem Stoff oder Unterrichtsmittel nicht zurechtkommen, fragen Sie den Lehrer nach diesen Zusammenhängen. Die Erläuterungen aus seiner Sicht können Ihnen einen besseren Zugang verschaffen.

Oft sind auch die Mittel (z.B. die Bücher), die zur Erreichung des Unterrichtszieles führen, austauschbar. Wenn Sie sich an der Diskussion, auf welche Weise das Lernziel erreicht werden kann, beteiligen, gewinnen Sie eine bessere Beziehung zum Lernstoff.

2. Wie komme ich zu Erfolgserlebnissen?

Erfolgserlebnisse motivieren. Die Bestätigung, daß wir Fortschritte machen und die Aufgaben richtig gelöst haben, wirkt sich nicht nur positiv auf die Leistung, sondern vor allem auch auf die Motivation aus. Wenn wir diese Bestätigungen nicht vom Lehrer erhalten, können wir selbst Lerngruppen organisieren. Auch die Kontrolle, daß wir die selbst gesteckten Zwischenziele erreicht haben, motiviert zum Weitermachen.

Größere Aufgaben (größere schriftliche Arbeiten, Abschlußprüfungs-Vorbereitungen) unterteilen wir und legen fest, wieviel wir jeden Tag bearbeiten wollen. Wenn wir am Abend den geplanten Stand erreicht haben, verschafft uns dies ein wichtiges Erfolgserlebnis und motiviert uns wesentlich besser für die weitere Arbeit als nur das Bewußtsein, einfach ein Stück vorangekommen zu sein.

Belohnen wir uns selbst, wenn es sonst keiner tut! »Wenn ich bis Mittag mit dem Bericht fertig bin, gehe ich am Nachmittag schwimmen. Wenn ich diese Vokabeln beherrsche, rufe ich meine Freundin an.«

Belohnungen wirken sich günstig auf den Lernprozeß aus – manche Leute »bestrafen« sich aber selbst durch eine falsche Zeitplanung. Wenn wir uns ausgerechnet dann zum Lernen hinsetzen, wenn sich alle unsere Freunde fürs Kino verabredet haben oder wenn eine uns brennend interessierende Sportreportage übertragen wird, blockieren wir unsere Lernmotivation.

Lassen Sie sich leicht entmutigen? Verlieren Sie die Lust, wenn es nicht auf Anhieb klappt? Sind Fehler für Sie eine mittlere Katastrophe? Vor allem Schüler, die in den ersten Schuljahren leicht lernten, verzweifeln, wenn es nicht immer so weiter geht (vgl. Kasten S. 38). Bevor Sie aufgeben, prüfen Sie sachlich, wo es »klemmt«. Was können Sie und wo liegen die

Machen wir unsere Fortschritte sichtbar! Wer mit dem auf S. 25 beschriebenen Lernkasten arbeitet, wird vom Anblick der ständig größer werdenden Zahl von Zetteln in den hinteren Fächern motiviert. Bei meßbaren Lerninhalten (z.B. Zahl der Schreibmaschinenanschläge pro Minute, Lesegeschwindigkeit) können wir unsere täglichen oder wöchentlichen Leistungen in eine Graphik eintragen und uns am Ansteigen der Kurve freuen:

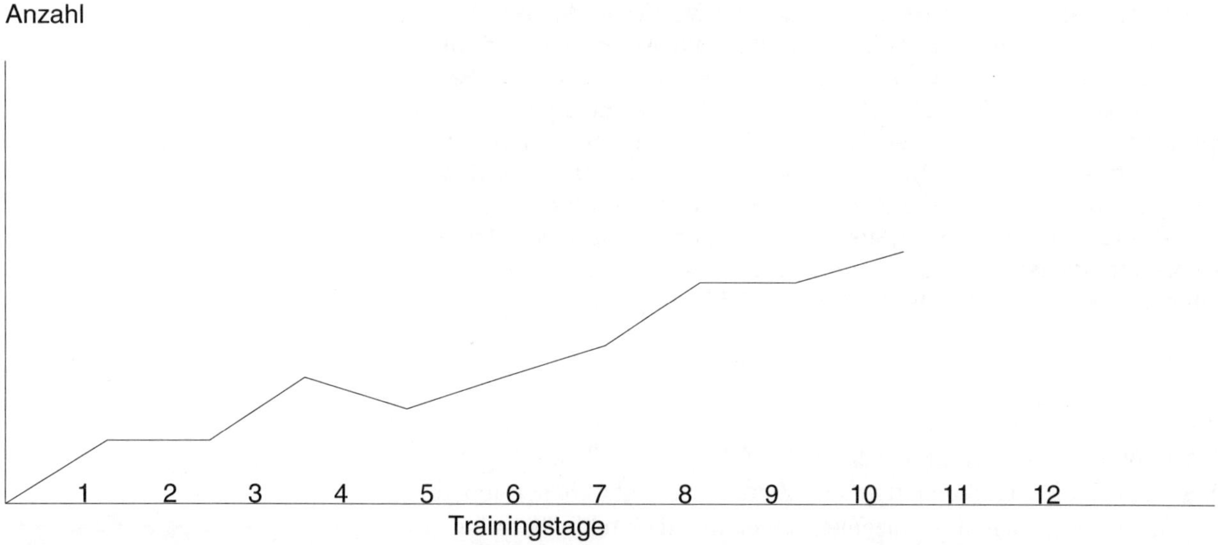

Probleme? Versuchen Sie, sich realistische Ziele zu setzen, sich an Ihren Erfolgen zu freuen und aus Ihren Fehlern zu lernen. Auch ein Gespräch mit dem Lehrer oder in der Lerngruppe kann in dieser Situation weiterhelfen.

Natürlich hat ein Lehrer viele Möglichkeiten, einen Stoff entweder spannend oder trocken darzubieten. Aber auch unser eigenes Verhalten entscheidet darüber, wie wir den Unterricht erleben. Wenn wir selbst Fragen stellen, Anknüpfungspunkte zu aktuellen Ereignissen suchen, lernen wir nicht nur leichter, sondern gewinnen auch eine bessere Beziehung zum Fach.

Kein Fach muß langweilig sein. Es gibt kein Wissensgebiet, das nicht von irgendeinem Wissenschaftler als faszinierend empfunden würde. Finden wir ein Fach trocken, können wir unser Interesse durch das Studium seiner Geschichte und seiner Entwicklung wecken. In jeder Disziplin gab es Forscher, die ihr Leben neuen Erkenntnissen widmeten, die irrten und kämpften. Lesen wir über diese Männer und Frauen, sehen wir hinter die

»Hilflose« und »Überwinder«

Kindern wurden Aufgaben gestellt, die so aufgebaut waren, daß alle Kinder die ersten acht Aufgaben lösen, die nächsten vier aber nicht lösen konnten. Die Kinder reagierten auf diese Situation – unabhängig von ihrer Intelligenz – ganz unterschiedlich: Eine Gruppe, die als die »Hilflosen« bezeichnet wurde, verlor bei den Schwierigkeiten sofort den Mut, betrachtete sie als unüberwindbar und zweifelte, trotz den vorangegangenen Erfolgen, an ihren Fähigkeiten. Im Rückblick schätzten sie die Zahl ihrer Erfolge durchschnittlich auf 5,1 (statt 8) ein, die Zahl ihrer Mißerfolge dagegen auf 6,1 (statt 4). Sie glaubten nicht mehr daran, daß sie die ersten Aufgaben lösen könnten, und verwendeten starre, unangemessene Verhaltensweisen. Die andere Gruppe (»Überwinder«) verstärkte dagegen bei den Schwierigkeiten ihren Einsatz, verbesserte ihre Methode und unterschätzte die Zahl der Mißerfolge.

Kulissen, wird das Wissen plötzlich lebendig. Historische Romane, Tagebücher aus früheren Jahrhunderten, alte Zeitungsberichte können uns die Geschichte aus der Sicht des Einzelnen zeigen und dadurch näherbringen; Novellen aus anderen Ländern gewinnen uns für das Studium der Geographie.

Eine Fremdsprache zu lernen ist mühsam, wenn Wörter und Grammatik gepaukt werden müssen. Es kann aber Spaß machen, wenn die vielen Anwendungsmöglichkeiten, die es dafür gibt, gezielt genutzt werden. Einen Einstieg gewinnen wir bespielsweise mit Kinderbüchern – die Wortwahl und der Satzbau sind einfach, Illustrationen helfen uns weiter. Später können wir uns Zeitschriften und Illustrierte für Jugendliche oder über unser spezielles Interessengebiet in der Fremdsprache kaufen. Dank Kabelfernsehen und Video haben wir auch die Möglichkeit, uns Spielfilme in englisch oder französisch anzusehen und unser Ohr auf diese Weise an Redewendungen und den Klang der Sprache gewöhnen. Auch wenn die Personen oft zu schnell sprechen, werden wir doch viel verstehen und der Handlung folgen können – zumindest beim zweiten Mal und mit Hilfe von Wörterbüchern. Andere Zugänge finden wir über Radioprogramme oder Kassetten mit Liedern oder Märchen in der Fremdsprache.

Martin kann mit dem Fach Chemie einfach nichts anfangen. Er arbeitet deshalb stets nur gerade so viel, wie er unbedingt muß. Vieles, was in der Stunde gesagt wird, versteht er nicht und langweilt sich deshalb. Seine Noten sind schlecht, was ihn in seiner Abneigung gegen das Fach bestärkt. Daniela hat Spaß an Chemie. Wenn sie beim Lesen von Zeitungen und Zeitschriften auf eine Frage stößt, die mit diesem Fach in Zusammenhang steht, macht sie sich eine Notiz und bringt sie in der nächsten Unterrichtsstunde vor. Durch ihr Mitdenken sieht sie größere Zusammenhänge, Querverbindungen, andere interessierende Fragen. Prüfungsvorbereitungen fallen ihr leicht, die guten Noten geben ihr neuen Schwung. Die gleichen Lektionen, die Martin als unverständlich und langweilig erlebt, empfindet Daniela als informativ und anregend.

Besonders zu empfehlen ist natürlich der Kontakt mit Menschen aus dem Sprachgebiet. Dazu gibt es viele Möglichkeiten: Wir bemühen uns um eine Brieffreundschaft, wir planen eine Ferienreise, wir treten einem entsprechenden Club bei oder melden uns, wenn Gastgeber für Besucher aus dem Sprachgebiet gesucht werden. Auch wenn wir einmal eine Stadtrundfahrt in unserer Heimatstadt mitmachen, hören wir nicht nur die fremdsprachigen Erklärungen, sondern können uns vielleicht auch mit Touristen in ihrer Muttersprache unterhalten.

3. Lerne ich lieber mit anderen zusammen?

Wenn wir uns mit andern zu einer Lerngruppe zusammenschließen, wirkt sich dies günstig auf unsere Motivation aus. Die Anwesenheit von Kollegen kommt unserem Bedürfnis nach Kontakt entgegen. Außerdem werden für die Zusammenkünfte Lernziele festgesetzt und Erfolgserlebnisse vermittelt, wenn in den Diskussionen der gegenseitige Lernfortschritt festgestellt wird.

Interesse und Begeisterung können anstecken. Suchen Sie Mitschülerinnen oder Mitschüler, die sich besonders für Ihr Problemfach interessieren. Fragen Sie sie, wie sie zu ihrer Vorliebe gekommen sind, worin in ihren Augen das Besondere dieses Faches liegt und wie sie dafür arbeiten.

Zusammenfassung – Motivation

Nehmen Sie sich Zeit für einen Blick in die Zukunft: Malen Sie sich in den schönsten Farben aus, wie Sie sich Ihr Leben, Ihre Familie, Ihren Beruf, Ihre Hobbies und Ihre Freizeit in fünf und in zehn Jahren vorstellen. Mit welchen Situationen werden Sie umgehen? Welche Aufgaben werden Sie bewältigen? Was ist Ihnen besonders wichtig?

....

....

....

....

....

....

....

....

Welche Fertigkeiten will ich dazu erwerben?

....

....

....

Welche Lernziele will ich erreichen?

....

....

....

Zurück zu Ihrer heutigen Situation:

Welche Motivationsprobleme habe ich?

....

Welche Fächer liegen mir besonders?

....

Welche Fächer liegen mir nicht?

....

Was könnte ich tun, um eine bessere Beziehung zu diesen Fächern zu bekommen?

....

....

Wann macht mir das Lernen Spaß?

....

Wie kann ich für Erfolgserlebnisse sorgen?

....

Welche der hier genannten Ratschläge könnten mir helfen?

....

....

Konzentration

- Warum kann ich mich nicht konzentrieren?
- Kann ich auch mit Musikbegleitung arbeiten?
- Wie lange kann man sich konzentrieren?
- Was hindert mich an meiner Konzentration?
- Was will ich über Konzentration erfahren?

....

....

Wir empfangen ständig eine Vielzahl von Sinneseindrücken. Stören uns diese bei der Auseinandersetzung mit unserem Wissensstoff, klagen wir über Konzentrationsprobleme. Was läßt sich dagegen tun?

Oft ist die fehlende Motivation das Haupthindernis für die Konzentration. Wer kein klar umrissenes Lernziel hat, wird Mühe haben, seine Aufmerksamkeit auf die Bücher zu lenken: Jedes Geräusch wird zum willkommenen Anlaß, die Arbeit zu unterbrechen, während uns das Interesse am Stoff gegen Störungen aus der Umwelt abschirmt.

Manche Klagen über Konzentrationsstörungen ergeben sich auch aus falschen Vorstellungen über die menschliche Arbeitskraft. Wer kennt nicht Erzählungen über bekannte Persönlichkeiten – sei es nun Napoleon oder Präsident Kennedy – die angeblich nicht nur ungeheure Tagespensen bewältigten, sondern auch mehrere Aufgaben gleichzeitig erledigen konnten. Wissenschaftliche Untersuchungen zeigen aber:

- daß eine höchste Konzentration nur während kurzer Zeit aufrechterhalten werden kann;
- daß bei zu langen Arbeitszeiten die Stundenleistung sinkt – wir arbeiten nur noch auf »Sparflamme«, um überhaupt durchhalten zu können;

– daß eine Konzentration auf zwei Dinge zur gleichen Zeit unmöglich ist. Bei »gleichzeitiger« Erledigung muß die Aufmerksamkeit in rascher Folge hin- und hergelenkt werden.

»Wenn ich mich besser konzentrieren könnte, würde ich nicht so lange über meinen Hausaufgaben sitzen«, klagt Markus einem Lehrer. »Schreib doch einmal auf, wie du arbeitest«, rät dieser. Das Protokoll des ersten Nachmittags sieht folgendermaßen aus:

Bis um	Zeit	Tätigkeit	Intensität*
13.00	30	Essen	
13.30	30	Sportteil Zeitung lesen, Radio	
13.45	15	Diskussion mit Bruder (Sport)	
14.10	25	Brüten über leerer Seite des Aufsatzheftes	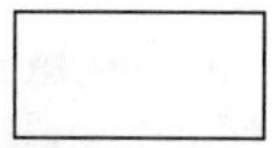
14.30	20	Durchblättern der Notizen und Unterlagen für Geschichtsprüfung	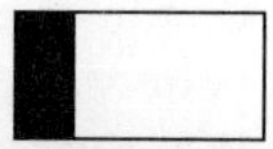
14.50	20	Radio abgestellt, Mathematik-aufgaben	
15.15	25	Telefonat mit Freund, Diskussion Film und Aufsatzthema	
15.40	25	Notizen zum Aufsatz	
16.00	20	Weiter am Aufsatz, gestört von Sportreportage, die Bruder nebenan sieht	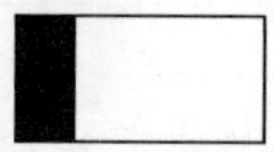
16.30	30	Zwischenimbiß, Sportreportage	
		usw.	

* Erläuterung vgl. S. 51

Wie wirkt sich Musikbegleitung aus?

28 Psychologie-Studenten mußten in einem Experiment einen Rechentest unter verschiedenen Bedingungen durchführen: Jeweils 5 Minuten herrschte Ruhe, klapperten Schreibmaschinen, spielte ein Radio oder rasselten Wecker. Die Versuchspersonen mußten angeben, wie unangenehm die Geräusche für sie waren.
Die besten Leistungen im Rechentest erbrachten die Studenten bei Ruhe, die zweitbesten bei Schreibmaschinengeklapper, die *schlechtesten* bei Radiogeräusch. Diese schlechten Leistungen ergaben sich unabhängig von der Einstufung – die negative Wirkung war auch vorhanden, wenn der Lärm von der Versuchsperson nicht als unangenehm empfunden wurde.

Auch die bei vielen Schülern so beliebte Musikbegleitung zu den Hausaufgaben erfordert einen ständigen Wechsel der Aufmerksamkeit – wenn wir der Musik nicht zuhören, hat es ja keinen Sinn, sie anzustellen.

Untersuchungen zeigen denn auch im allgemeinen, daß die Leistungen bei Musikbegleitung nicht von gleicher Qualität sind wie bei Ruhe.

Allerdings wird in solchen Experimenten immer wieder festgestellt, daß nicht alle Versuchspersonen gleichermaßen störungsanfällig sind: Manche Schüler erbringen auch bei Musikbegleitung gute Leistungen. Zwei Gründe können dafür verantwortlich sein:

- Die leise Hintergrundmusik wirkt sich bei diesen Schülern günstig auf die Stimmung und die Lernmotivation aus.
- Sie übertönt unangenehmere, störende Geräusche.

Wie lange kann ich mich konzentrieren?

Frank hat sich vorgenommen, die fällige Englisch-Übersetzung möglichst schnell zu erledigen. Nach einer halben Stunde »raucht« sein Kopf und er würde eigentlich gerne eine Pause einschalten. »Dazu habe ich keine Zeit«, beschließt er aber und arbeitet weiter. Immer öfter und länger blättert er umständlich in seinem Wörterbuch, kritzelt er Männchen auf sein Notizblatt und ertappt er sich, daß er gedankenverloren aus dem Fenster starrt.

Höchste Konzentration kann nicht stundenlang aufrechterhalten werden. Es ist deshalb wichtig, daß rechtzeitig *Pausen* eingeschaltet werden. Untersuchungen zeigen nicht nur, daß die Arbeitsleistung von Personen, die ohne Pausen arbeiten, durch die Ermüdung deutlich früher absinkt und qualitativ schlechter ist als die Vergleichswerte von anderen, die zwischendurch abschalten. Ohne »offizielle« Pausen werden außerdem – wie jeder bei kritischer Selbstbeobachtung feststellen kann – »maskierte« Pausen durchgeführt: wir suchen etwas umständlich, spitzen einen Bleistift oder schauen einfach aus dem Fenster und träumen. Der Erholungswert solcher »maskierter« Pausen ist aber geringer, als wenn die Arbeit bewußt unterbrochen wird.

In welchen Abständen Pausen eingestreut werden sollen, hängt von der Art der Arbeit ab: Je intensiver und einseitiger unsere Aufmerksamkeit beansprucht wird, desto kürzer sollten die Etappen sein. Die Pausen selbst müssen nicht lang sein. Oft genügt es, wenn wir für eine Minute abschalten, uns zurücklehnen und tief Luft holen. Alle 30–45 Minuten stehen wir auf, öffnen das Fenster, gehen einige Schritte oder verschaffen uns sonst (durch einige Turn- oder Lockerungsübungen) etwas Bewegung. Jeweils in der Mitte des Vor- und des Nachmittags ist eine längere Pause zu empfehlen, bei der wir eine Tasse Tee oder Kaffee trinken oder etwas Obst essen.

Auch Abwechslung erleichtert die Konzentration. Gerade bei geistiger Arbeit zeigt sich, daß die Ermüdung zunächst auf eine bestimmte Tätigkeit beschränkt ist. Wird eine völlig andere Aufgabe in Angriff genommen, fühlen wir uns wieder frisch. Je nach Art der Arbeit, tritt diese aufgabenbezogene Ermüdung schon sehr schnell (wenn hohe Konzentration erforderlich ist) oder erst nach Stunden auf (bei Arbeiten, für die wir gut motiviert sind und die eine längere Aufwärmphase erfordern).

Wie kann ich den Einstieg erleichtern?

Auf die Probleme, die viele Lernende mit dem »Anfangen« haben, wurde bereits hingewiesen. In der Regel läßt sich eine hohe Konzentration nicht sofort, sondern erst nach einer »Aufwärmphase« erreichen. Führen wir während dieser Phase angenehme, leichte und schnell zu erledigende Arbeiten durch, erreichen wir zweierlei: wir laufen weniger Gefahr, uns schon vor dem eigentlichen Vertiefen wieder durch andere Dinge ablenken zu lassen, und motivieren uns durch das Erfolgserlebnis, bereits etwas erledigt zu haben, für die noch anstehenden Aufgaben.

Übung

Nehmen Sie an, daß Sie etwa drei Stunden arbeiten wollen:
- Aufsatz fertigschreiben (1 1/2 Stunden)
- Notizen vom Vormittag überarbeiten (15 Minuten)
- Vokabeln lernen (15 Minuten)
- Biologieprüfung vorbereiten (1 Stunde)

Sie beginnen um 14 Uhr. Überlegen Sie, welche Reihenfolge sinnvoll ist und wann sie Pausen einschalten:

Art der Tätigkeit	Art und Dauer der Pausen

Vergleichen Sie Ihre Antwort mit dem Vorschlag auf S. 186

Unter *Zeitdruck* fällt die Konzentration schwerer. Vielleicht haben Sie auch schon versucht, ein Kapitel eines Fachbuches noch schnell zu Ende zu lesen, eine handwerkliche Arbeit noch schnell zu erledigen, bevor Sie aufbrechen mußten – nur um am nächsten Tag festzustellen, daß kaum etwas im Gedächtnis geblieben ist oder die Arbeit voller Fehler war und neu gemacht werden mußte. Wenn Sie sehen, daß die verbleibende Zeit für eine sorgfältige Bearbeitung nicht ausreicht, brechen Sie besser vorzeitig ab und setzen einen anderen Termin fest, wenn Sie in Ruhe weiterarbeiten können.

Ist für meine körperlichen Bedürfnisse gesorgt?

Es scheint selbstverständlich, daß auch die Berücksichtigung der körperlichen Bedürfnisse eine wichtige Voraussetzung für die geistige Arbeit ist. Untersuchungen zeigen aber, daß diese Selbstverständlichkeit durchaus nicht immer gegeben ist. So ist beispielsweise seit langem bekannt, daß die Leistungsfähigkeit am Vormittag ohne Frühstück deutlich beeinträchtigt ist – trotzdem verzichtet rund ein Drittel der Bevölkerung auf eine Morgenmahlzeit!

Aber nicht nur ein leerer, auch ein voller Bauch lähmt die Arbeitsbereitschaft.

> Überlegen Sie, welche Verteilung der Mahlzeiten und Zwischenimbisse sich aus diesen Erfahrungen ergibt:
>
> ....
>
> ....
>
> ....
>
> ....
>
> Vergleichen Sie Ihre Antwort mit den Angaben auf S. 186

Daß Schlafmangel sich negativ auf die Konzentrationsfähigkeit auswirkt, haben Sie sicher schon am eigenen Leib erfahren. Das individuelle Schlafbedürfnis ist sehr unterschiedlich, aber – wie Untersuchungen zeigen – vom Einzelnen nicht zu beeinflussen. Es lohnt sich somit nicht, durch Kürzung des Schlafs mehr Zeit gewinnen zu wollen, nur weil andere mit weniger Stunden auskommen.

Es ist auch nicht gleichgültig, zu welchen Tages- oder Nachtzeiten wir schlafen. Der menschliche Körper ist in Abhängigkeit von der Tageszeit wechselweise mehr auf Arbeit und mehr auf Entspannung eingestellt – ein Rhythmus, der sich willentlich kaum beeinflussen läßt: Die Untersuchung von Schichtarbeitern zeigt, daß die Qualität der Nachtarbeit stets unter derjenigen der Tagesarbeit bleibt, und ebenso der Erholungswert des Tagschlafes unter dem des Nachtschlafes liegt.

Weitere körperliche Bedürfnisse, die berücksichtigt werden sollten, sind Bewegung, Sauerstoffzufuhr durch Lüften und angemessene Raumtemperatur.

Vielleicht erscheinen Ihnen alle diese Punkte im Kapitel über Konzentration als nebensächlich oder überflüssig. Sicher beeinflußt jeder einzelne die Lernfähigkeit nur in geringem Maße und sind andere Faktoren, wie Motivation und Kenntnis der Zusammenhänge, von wesentlich größerer Bedeutung. Wenn sich aber auch unter Mißachtung aller genannten Regeln arbeiten läßt, steht doch fest, daß die Konzentration dann wesentlich schwerer fällt und eine erhöhte Willensanstrengung erfordert.

Auch wenn die Motivation vorhanden ist und die physischen Voraussetzungen erfüllt sind, kann die Konzentration durch verschiedene Einflüsse beeinträchtigt werden. Eine wichtige Rolle spielt der richtige Arbeitsplatz. Ideal ist natürlich ein Schreibtisch in einem ruhigen Zimmer, der möglichst für die Arbeit reserviert bleibt (da auch Fotos, Briefe und Unterhaltungslektüre die Aufmerksamkeit beeinträchtigen) und auf dem alle Hilfsmittel bereitliegen, so daß kein Vorwand zum ständigen Aufstehen und Suchen besteht.

Finden Sie zu Hause keine Ruhe? Prüfen Sie, ob Sie im Lesesaal einer Bibliothek besser arbeiten können – manchen Lernenden fällt die Konzentration leichter in Gegenwart von anderen Menschen, die in ihre Arbeit vertieft sind.

Welche anderen Räumlichkeiten kommen für Sie in Frage? Hat Ihre Schule ein Aufgabenzimmer? Wohnen Ihre Großeltern in der Nähe und können Ihnen eine ruhige Ecke zur Verfügung stellen? Wie die Lerngesetze (vgl. S. 16) zeigen, sind die Gefühle, die wir mit dem Lernen verbinden, wichtig. Wenn wir bewußt einen Arbeitsplatz wählen, an dem wir uns wohlfühlen, erleichtern wir uns die Konzentration und das Lernen.

Manche Störungen lassen sich schon vorher absehen und entsprechend ausschalten. Erledigen Sie dringende Besorgungen und Telefongespräche, bevor Sie sich zu Ihrer Lernarbeit hinsetzen, oder legen Sie vorher fest, wann Sie dafür Zeit haben.

Kommen die Störungen nicht von außen?

Ein großer Teil der Störungen kommt aber nicht von außen, aus der Umwelt, sondern von innen. Ungelöste Konflikte, Spannungen, Ängste, bevorstehende Entscheidungen können unsere Aufmerksamkeit in Anspruch nehmen. Immer wieder ertappen wir uns dabei, daß unsere Gedanken statt um den Lernstoff um unser Problem kreisen. Konflikte lassen sich nicht einfach wegschieben oder unterdrücken. Wichtig ist vielmehr, daß wir uns die Zeit nehmen, sie durchzudenken und uns damit auseinanderzusetzen. Wenn ein klärendes Gespräch nicht sofort möglich ist, hilft es auch, einen Termin dafür zu vereinbaren, einen Brief zu schreiben oder auch nur für sich seine Gedanken zu notieren. Auch eine Aussprache mit einem Freund erleichtert es oft, zu einer Entscheidung zu kommen. In vielen Städten und Schulen können sich Schüler und Lehrlinge an Schulpsychologen oder Berater wenden.

Echte Konzentrationsstörungen liegen im Grunde nur dann vor, wenn alle bisher erwähnten Faktoren und Störungen von innen und außen als Ursache ausgeschlossen werden können.

In manchen Kursen der Erwachsenenbildung führen die Leiter jeweils zu Beginn *Entspannungsübungen* durch. Die Fähigkeiten, sich zu entspannen und sich zu konzentrieren, sind eng miteinander verwandt. Erwachsene, die nach der Arbeit noch an Weiterbildungsveranstaltungen teilnehmen, haben oft Mühe, sich vom Alltagsstreß zu lösen und den Lerninhalten zuzuwenden. Einige Minuten Musik, bewußtes Atmen, Phantasiereisen oder körperliche Übungen helfen abzuschalten und sich anschließend wieder neu zu motivieren. Vor allem in den USA wird auch mit »Gehirnmaschinen« gearbeitet, die auf Hirnströme einwirken und zur Entspannung verhelfen.

Eine bekannte und weit verbreitete Entspannungstechnik ist das autogene Training, das bei Streß, Konzentrations- oder Schlafstörungen empfohlen wird. Kurse werden in vielen Städten und Gemeinden von Volkshochschulen oder anderen Institutionen der Erwachsenenbildung durchgeführt.

Wo liegen meine Konzentrationsprobleme?

Wenn Sie mit Konzentrationsproblemen zu kämpfen haben, führen Sie mit Hilfe des Formulars auf der nächsten Seite einmal Buch über den Ablauf Ihrer Tätigkeiten und die Intensität der Konzentration. Geben Sie bei allen Arbeiten an, wie lange sie gedauert haben. Die Kästchen in der Spalte »In-

Datum

Bis um	Zeit	Tätigkeit	Intensität	Bemerkung

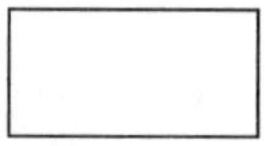 = Die Zeit ist ungenutzt verstrichen

 = Bei konzentrierter Arbeit hätte ich das gleiche Ergebnis in einem Viertel der Zeit erreichen können.

 = Bei konzentrierter Arbeit wäre das Ergebnis in der halben Zeit zu erreichen gewesen

 = Ich habe gut gearbeitet. Bei optimalem Einsatz hätte ich nur drei Viertel der Zeit aufwenden müssen.

 = Ich habe so intensiv gearbeit, daß ich in der gegebenen Zeit nicht mehr hätte erreichen können.

tensität« dienen der Einschätzung der Konzentration und können ausgemalt werden (vgl. Beispiel S. 43):

Die Spalte »Bemerkungen« benutzen Sie für alle Angaben, die für das Verständnis des Ablaufes erforderlich sind.

Beantworten Sie anschließend die Check-list auf der nächsten Seite.

Zählen Sie Ihre Nein-Antworten zusammen und entscheiden Sie selbst, welche der folgenden Aussagen paßt:

- Kein Wunder, daß ich mich nicht konzentrieren kann – unter diesen Bedingungen kann sich kein Menschen konzentrieren.
- Die Voraussetzungen für ein konzentriertes Arbeiten sind ungünstig. Wie könnte ich sie verbessern?
- Es sind zwar nicht alle Voraussetzungen erfüllt, aber ich kann mich trotzdem gut konzentrieren.
- Ich habe alles getan, um ein konzentriertes Arbeiten zu ermöglichen.

Check-list

	Ja	Nein
Habe ich mir die beste Reihenfolge der Aufgaben überlegt?		
Vermeide ich es, ständig von einer Aufgabe zu einer anderen zu wechseln?		
Habe ich auf meinem Schreibtisch eine freie Schreibfläche?		
Liegen die benötigten Unterlagen und Schreibwerkzeuge bereit?		
Schalte ich rechtzeitig Pausen ein?		
Habe ich Lärmbelästigungen ausgeschaltet?		
Bin ich ausgeschlafen?		
Berücksichtige ich meinen Tagesrhythmus?		
Habe ich einen festen Arbeitsplatz?		
Weiß ich vor Beginn, welche Arbeiten die wichtigsten und dringendsten sind?		
Wende ich mich immer nur einer Aufgabe zu?		
Steht mir genügend Zeit zur Erledigung der Arbeiten zur Verfügung?		
Trage ich meinen körperlichen Bedürfnissen Rechnung?		
Bin ich von Konflikten unbelastet?		

Problemlösen – kritische Auseinandersetzung mit Informationen

- Kann man Denken lernen?
- Kann ich es vermeiden, in Denkfallen zu tappen?
- Welche Informationen sind zuverlässig?
- Welche Informationen sind wichtig?
- Was kann ich tun, wenn ich bei einer Aufgabe festgefahren bin?
- Was will ich über Problemlösen erfahren?

....

....

Jede Schule nennt die Erziehung zum selbständigen Denken als wichtigstes Ziel. Von vielen Fächern wird gesagt, daß sie das Denken schulen – beweisen läßt sich dies allerdings kaum. Die Schulung des Denkens kann ja nicht darin bestehen, bewährte und langjährige Vorgehensweisen zu wiederholen, den Schülern beizubringen, sich auf eingefahrenen Wegen zu bewegen, sondern in ungewohnten Situationen neue Lösungen zu finden und neue Zusammenhänge zu sehen. Dafür kann es keine Rezepte geben, die auswendiggelernt werden können – nur Hinweise, welche Fallen vermieden werden und welche Verhaltensweisen hilfreich sein könnten.

Sandra sitzt über ihren Geometrieaufgaben. Sie sind schwierig, doch mit Nachdenken und dem Anwenden bekannter Strategien hat sie schon drei gelöst. »Jetzt noch die letzte, dann komme ich noch bequem zur Verabredung«. Doch diese letzte Aufgabe hat es in sich. Die bisher eingeschlagenen Wege führen einfach nicht zum Erfolg. Verbissen versucht Sandra es immer wieder. »Die anderen habe ich doch auch geschafft«, denkt sie. Der Uhrzeiger rückt vor – trotz aller Bemühungen kommt Sandra nicht zum Ziel. Wütend bricht sie schließlich ab, hastet zum Treffpunkt, entschuldigt sich vielmals. Als sie am nächsten Morgen ihre Tasche packt, wirft sie noch einen Blick auf die Geometrieaufgabe – und weiß plötzlich, wie sie vorgehen muß.

Beim Denken und Problemlösen gilt im allgemeinen der folgende Ablauf:

1. Wir haben ein Problem, eine Aufgabe, eine Knacknuß, ein Rätsel oder auch einen Konflikt.
2. Wir suchen nach einer Lösung und prüfen, ob die uns bekannten Informationen und Vorgehensweisen dafür ausreichen.
3. Wir ergänzen die fehlenden Informationen, testen Hypothesen und stellen verschiedene Möglichkeiten einander gegenüber.
4. Wir erkennen eine mögliche Lösung und überprüfen sie. Ist sie richtig, ist die Aufgabe abgeschlossen, wenn nicht, kehren wir zum 2. oder 3. Schritt zurück.

Schwierigkeiten, Sackgassen und Denkfallen können uns bei jedem Schritt blockieren.

Habe ich das Problem richtig definiert?

Eine wichtige Entscheidung darüber, ob wir den Weg zur Lösung sehen oder verbauen, fällt bereits bei der Definition des Problems. Frühere Erfahrungen, Vorurteile und scheinbare Selbstverständlichkeiten engen unseren Blick ein. In Prüfungen glauben wir vielleicht vorschnell, die erwartete Frage anzutreffen, und formulieren umfassend die vorbereitete Antwort; erst die schlechte Note läßt uns erkennen, daß eigentlich etwas anderes gefragt war. Oft wird das Ziel im Verlauf der Bemühungen aus den Augen verloren: Das Vorgehen scheint einleuchtend, die Lösung gefällt uns, damit ist die Sache erledigt. Wichtig ist deshalb, daß wir zum Schluß nochmals zur

Problemstellung zurückkehren, die ursprüngliche Definition überprüfen und der Lösung gegenüberstellen.

In einer Turnhalle hängen zwei Seile von der Decke, deren Abstand voneinander so groß ist, daß es nicht möglich ist, mit dem einen Seil in der Hand das andere zu erreichen. Aufgabe der Versuchspersonen ist es, die beiden Seile miteinander zu verknüpfen. Das einzige Werkzeug, das zur Verfügung steht, ist ein Ofenhaken. Die meisten Versuchspersonen gehen davon aus, daß ein Haken zum »Angeln« eingesetzt werden muß. Sie halten deshalb das eine Seil in der Hand und versuchen, mit dem Haken das andere Seil zu erwischen. Dies ist aber nicht möglich. Nur etwa die Hälfte der getesteten Personen kann sich von dieser Vorstellung befreien. Gelöst werden kann die Aufgabe nur, wenn der Haken als Gewicht verwendet wird. Er wird an ein Seil gebunden und in Pendelbewegungen versetzt. Mit dem einen Seil in der Hand kann die Versuchsperson dann das andere Seil abfangen.

Wie lassen sich frühere Erfahrungen einsetzen?

Bei der Suche nach Lösungen profitieren wir natürlich von den bereits gemachten Erfahrungen. Problemsituationen, die uns vertraut sind, bieten keine Schwierigkeiten mehr. Haben wir schon eine Vielzahl verschiedener Situationen mit den entsprechenden Lösungswegen durchgespielt, können wir aus unserem Vorrat gezielt den jeweils besten auswählen.

Frühere Erfahrungen können uns jedoch auch blockieren. Vertrauen wir unbesehen auf die bewährten Vorgehensweisen, ziehen wir bessere Möglichkeiten gar nicht mehr in Betracht. Dies gilt auch für die im obigen Beispiel geschilderte Verwendung des Ofenhakens: Die vertraute Nutzung dieses Gerätes machte die Versuchspersonen blind für die einzige mögliche Lösung.

Was läßt sich verändern?

Wenn frühere Erfahrungen sich auf die gegebene Situation nicht anwenden lassen, können wir uns auch um systematische Veränderungen bemühen. Folgende Fragen können dabei helfen:

- Von welcher Vorstellung muß ich mich befreien?
- Welche Gemeinsamkeiten haben meine bisherigen Lösungswege? Sind

diese wirklich erforderlich? (Hilfreich kann dabei eine Tabelle oder Skizze sein)
- Läßt sich etwas anders verwenden?
- Kann ich etwas anpassen?
- Was läßt sich verändern?
- Kann ich etwas größer oder kleiner machen?
- Läßt sich eine andere Reihenfolge herstellen?
- Welche Voraussetzungen kann ich abändern?
- Was passiert, wenn ich vom Gegenteil ausgehe?

Welche Zusammenhänge müssen berücksichtigt werden?

In vielen Situationen hilft es uns, wenn wir ein komplexes Problem in Teilprobleme aufgliedern und jedes einzeln angehen: Die Frage »Wie organisieren wir ein Schulfest?« läßt sich in viele Einzelfragen unterteilen: Welche Arbeiten fallen an? Welche Kosten ergeben sich? Wer kann um tatkräftige oder finanzielle Unterstützung angegangen werden? usw.

In anderen Fällen (bei einem schwierigen mathematischen Problem ebenso wie bei einer praktischen handwerklichen Arbeit) empfiehlt es sich, ein vereinfachtes Modell zu erstellen und zu erproben: Die Frage »Wie richte ich mein Zimmer ein, um sowohl eine gemütliche Sitzecke als auch einen hellen Arbeitsplatz zu haben« beantworten wir am besten, indem wir einen maßstabgerechten Plan des Zimmers zeichnen, die Dimensionen der Möbelstücke aus Papier ausschneiden und verschiedene Möglichkeiten ausprobieren.

Die Aufgliederung in Teilprobleme kann uns aber auch den Blick aufs Ganze und auf das Zusammenspiel der entscheidenden Kräfte versperren. Wie die Erfahrungen mit »Tanaland« (s. Kasten) zeigen, kann die Mißachtung der Zusammenhänge zu völlig falschen Vorgehensweisen führen.

Sind die Informationen zuverlässig?

Die meisten Erkenntnisse gewinnen wir nicht durch eigene Beobachtungen und Untersuchungen – sie werden uns mitgeteilt. Wenn uns die Informationen durch Fernsehen, Radio, Zeitungen oder Bücher erreichen, haben sie meist schon einen langen Weg über verschiedene Stationen hinter sich. In welcher Form sie an jeder dieser Stationen weitergegeben werden, hängt nicht nur von den Absichten des Berichterstatters ab (will er sachlich zu-

»Verbesserungen«, die zum Chaos führen

Zwölf Personen unterschiedlicher Fachrichtung wurden in einem Computer-Programm mit Informationen über ein erfundenes afrikanisches Land »Tanaland« konfrontiert. Die wichtigsten Einflußgrößen entsprachen dabei den tatsächlichen Bedingungen afrikanischer Regionen. Aufgabe der Versuchspersonen war es, dafür zu sorgen, daß es den Leuten von Tanaland durch Entwicklungshilfe und andere Maßnahmen besser ginge. Sie konnten – im Computerprogramm – Staudämme bauen, Industrie und Kraftwerke ansiedeln, Medizin und Hygiene verbessern und Anbauarten und Düngung ebenso verändern wie etwa die Jagdgewohnheiten.
Das Ergebnis war niederschmetternd. Nach vorübergehenden Besserungen traten Katastrophen und Hungersnöte auf, die Viehherden waren zusammengeschmolzen, die Nahrungsquellen ebenso wie die Finanzen zugrundegerichtet. Das Chaos, das Fachleute anrichteten, war dabei genauso groß wie jenes von Versuchspersonen ohne entsprechende Fachkenntnisse – obwohl alle nur eine Verbesserung der Bedingungen zum Ziele hatten. Den Experten bereiteten gerade ihre fachlichen Vorkenntnisse besondere Schwierigkeiten, weil sie sich nur schwer von falschen Vermutungen über die Struktur solcher Situationen zu trennen vermochten.

sammenfassen oder vertuschen, beruhigen oder aufstacheln?), sondern auch von seinen Erfahrungen, seiner Sichtweise, seinem Wahrnehmungsvermögen und seinen sprachlichen Fähigkeiten.

Manche Probleme lassen sich nur deshalb nicht lösen, weil falsche oder unvollständige Informationen ungeprüft übernommen werden.

Wenn wir die gegebenen Informationen prüfen und gezielt neue einholen, ist es wichtig, daß wir kritisch bleiben und voreilige Schlußfolgerungen vermeiden. Oft sind folgende Fragen angebracht:
- Woher stammen die Informationen?
- Hat der Berichterstatter den Sachverhalt selbst gesehen, erlebt, geprüft oder berichtet er nur, was er gehört hat?

Wenn er ihn selbst erlebt hat:
- Wie zuverlässig sind seine Aussagen?
- Stimmen sie mit den Aussagen anderer, unabhängiger Beboachter überein?
- Lassen sich die Experimente wiederholen?

- Reicht die Beobachtungszeit aus, um zu den entsprechenden Schlußfolgerungen zu kommen?

Wenn er Informationen aus anderen Quellen weitergibt:
- Sind seine Quellen zuverlässig?
- Hat er die wichtigsten Quellen benutzt oder übersehen?
- Sind auch die neuesten Erkenntnisse einbezogen?
- Erwähnt er auch Ergebnisse, die nicht mit seinen Hypothesen übereinstimmen?
- Welche Einstellung, welche Motive läßt der Verfasser erkennen, welche Ziele verfolgt er mit seiner Mitteilung?

Ist es Ihnen bei Diskussionen oder Inerviews auch schon so ergangen? Sie hören die Meinung von A, pflichten ihr innerlich bei, verfolgen dann die gegenteilige Aussage von B und stellen überrascht fest, daß sie ebenso überzeugend klingt. Hilfreich kann es sein, wenn wir die Informationen ordnen und gewichten: welche Argumente sprechen dafür, welche dagegen, welche sind stichhaltig, welche Informationen sind gesichert, welches sind Behauptungen, die aus einer Interessenlage entspringen usw.

Viele Informationen werden von einem Autor zum nächsten ungeprüft weitergegeben, so daß sich die gleichen falschen Aussagen an vielen Stellen finden. Ein Beispiel einer gezielten Falschinformation, die sich jahrelang hielt und sogar in Fachlexika Eingang fand, ist die Geschichte der »Tasaday«:

»An diesem kleinen Stamm sind mindestens 50 000 Jahre Menschheitsentwicklung spurlos vorübergegangen: sie kennen keine Bekleidung, bauen sich keine eigenen Unterkünfte, sondern leben in Höhlen. Ihre Werkzeuge wie Äxte, Hämmer, Schaber sind aus Stein gefertigt; als Jagdwaffe benützen sie Pfeil und Bogen und versuchen sich im Fallenstellen.«

Wissenschaftler aus aller Welt berichteten in Büchern und Farbberichten über die angeblichen Steinzeitmenschen. Auch als nach dem Sturz von Marcos die ganze Geschichte als Schwindel entlarvt wurde, der vom früheren philippinischen Minister für Stammesangelegenheiten inszeniert worden war, um selbst bekannt zu werden, widersetzten sich viele Stellen einer Darstellung der wahren Zusammenhänge. Sie hatten selbst von dem Schwindel profitiert und waren deshalb an einer Aufklärung nicht interessiert.

Habe ich mich festgebissen?

Auch wenn alle wichtigen Informationen vorliegen, gelingt es uns oft nicht, die Lösung zu sehen. Wenden wir uns dann vom Problem ab und etwas ganz anderem zu, können wir plötzlich auf die entscheidende Idee kommen. Kreativitätsforscher gehen davon aus, daß wir uns im Unterbewußtsein weiter mit dem Problem beschäftigen und die vorher gesammelten Fakten, Informationen, Lösungsversuche und Strategien neu ordnen. Die Lösung ist demnach durchaus das Ergebnis der vorangegangenen Bemühungen. Durch das Abwenden wurde die Blockierung gelöst.

Fazit

Es lassen sich zwar viele Beispiele und Hinweise geben, warum wir in einer bestimmten Situation nicht weiterkommen. Stoßen wir schließlich auf die richtige Lösung (oder wird sie uns mitgeteilt), sehen wir diese Zusammenhänge auch deutlich. Dies bedeutet jedoch nicht, daß wir ähnliche Blockierungen in Zukunft vermeiden, uns von falschen Vorstellungen lösen und flexibel bleiben können.

Wichtig ist vor allem die *Einstellung:*
- Bin ich bereit, Irrwege in Kauf zu nehmen, Rückschläge, Fehler zu begehen und daraus zu lernen, mich daran zu orientieren – oder gehe ich auf Nummer sicher und beharre auf dem einmal eingeschlagenen oder früher erfolgreichen Weg?
- Gebe ich gleich auf, wenn mein Weg nicht zum Ziel führt, verliere ich die Lust, wenn ich nicht sofort belohnt werde?
- Blockieren mich meine eigenen Erwartungen? Läßt mich die Angst vor einem Mißerfolg den Überblick verlieren? Lähmt mich die Vorstellung, in den Augen der anderen als Versager zu gelten?
- Kann ich ein Problem auch spielerisch angehen, mich umstellen oder abschalten, wenn sich meine Strategie nicht bewährt?

Meine Gedanken zu diesem Kapitel:

....

....

....

3. Aufnehmen von Wissen

Lesen

- Kann ich mein Lesetempo verbessern?
- Gibt es verschiedene Arten des Lesens?
- Wie soll ich lesen, wenn ich die Inhalte lernen und behalten will?
- Wie kann ich beim Lesen gute Notizen machen?
- Gibt es Forschungsergebnisse über den Erfolg von Lesetechniken?

....

....

In den letzten Jahren haben immer wieder Untersuchungsergebnisse für Aufsehen gesorgt, die zeigen, daß ein beträchtlicher Teil der Jugendlichen die Schule verläßt, ohne sicher und ohne Anstrengung lesen gelernt zu haben. Da manche von ihnen später nie mehr ein Buch oder einen anspruchsvolleren Text lesen, nimmt ihre Fähigkeit, sich mit schriftlichen Informationen auseinanderzusetzen, im Erwachsenenalter noch weiter ab.

Sie werden kaum zu diesen Personen gehören – sonst hätten Sie dieses Buch nicht in Händen. Können Sie aber gut aus Fachbüchern lernen, fällt es Ihnen leicht, Artikel zur politischen oder wirtschaftlichen Situation zu verstehen, hinter dem Inhalt und den Formulierungen auch die Absichten des Verfassers zu erkennen?

Gerade weil eine allgemeine Orientierung heute durch die Massenmedien ohne Lektüre möglich ist, ist die bewußte Schulung der Lesefähigkeit von besonderer Bedeutung. Wie Untersuchungen zeigen, werden auch Fernseh-Informationen von jenen Zuschauern besser verstanden, die daneben noch schriftliche Quellen benutzen.

Was erwarte ich von einer Lesetechnik?

Haben Sie bereits einige Kapitel dieses Buches gelesen? Wie sind Sie dabei vorgegangen? Verwenden Sie eine bestimmte Lesetechnik oder schlagen Sie einfach die erste Seite auf und lesen Zeile um Zeile? Sind Sie mit Ihrer Lesetechnik zufrieden?

Falls Sie das Kapitel Lernpsychologie bereits gelesen haben: Fassen Sie hier, ohne nochmals nachzusehen, die wichtigsten Informationen zusammen:

....

....

....

....

Kontrollieren Sie Ihr Gedächtnis durch Nachlesen auf S. 15ff.

Die Erkenntnisse der Lernpsychologie gelten natürlich auch für das Lernen aus Texten. Entspricht Ihre bisherige Lesemethode den Gesetzen der Lernpsychologie?

☐ ja

☐ teilweise

☐ nein

Beim Lernen durch Lesen gelten die gleichen beiden Grundstrategien wie beim Lernen überhaupt (vgl. S. 27): Einzelinformationen müssen sinnvoll miteinander und mit dem bereits vorhandenen Wissen *verknüpft* werden und aus der Fülle der Informationen müssen *die wichtigsten ausgewählt* und gespeichert werden. Ein wichtiges Kriterium zur Beurteilung einer Lesemethode liegt deshalb darin, ob sie diese Strategien einbezieht.

Wie lesen Studenten?

400 Studenten im ersten Semester wurden gefragt, welche Strategien sie beim Bearbeiten eines Textes einsetzen. Die Auswertung der offenen Fragen ergab folgende Vorgehensweisen:

1. **Lesen,**
2. **Nochmals Lesen,**
3. **Unterstreichen,**
4. **Überblick verschaffen,**
5. **Notizenmachen.**

Weniger häufig waren:

6. **Exzerpieren (Auszüge erstellen),**
7. **Nachdenken,**
8. **Überfliegen.**

Am seltensten waren:

9. **Selbstüberprüfung,**
10. **Zusammenfassen,**
11. **Bearbeiten praktischer Probleme.**

Die Forscher kamen zum Schluß, daß die meisten Studenten die Texte nach dem Muster: Lesen – Nochmals Lesen – Notizenmachen – Unterstreichen – bearbeiten, das den Gesetzen der Lernpsychologie nicht entspricht und zu unbefriedigenden Resultaten führt.

Wer über das Erlernen des Alphabets hinaus ist, denkt bei Hinweisen zur Verbesserung der Lesetechnik vor allem an eine Steigerung des Lesetempos. Zweifellos läßt sich durch die Fähigkeit, einen Text möglichst rasch zu überfliegen, sowie durch das Ausmerzen grober Lesefehler Zeit gewinnen. Die Hauptschwierigkeiten beim Lesen liegen aber nicht bei der Geschwindigkeit, sondern bei folgenden Fragen:

– Wie wähle ich aus der Fülle des Materials das Wichtigste aus, wie vermeide ich, mich in Unwesentlichem zu verlieren und erst nach der zeitraubenden Lektüre festzustellen, daß das Buch nichts Neues gebracht hat?

- Wie lerne ich am besten aus Büchern, wie vermeide ich, daß ich zwar mit den Augen Seite um Seite lese, davon aber so gut wie gar nichts aufnehme und behalte?
- Wie bewahre ich eine kritische Distanz auch zu gedruckten Informationen und wie lerne ich, Texte im Zusammenhang zu sehen und in Beziehung zu den Absichten und Einstellungen des Verfassers zu setzen?

Diesen drei Hauptschwierigkeiten können wir kaum beim Lesevorgang selbst, sondern hauptsächlich durch eine *intensive Vor- und Nachbereitung der Lektüre* begegnen. Das eigentliche »Lesen« ist somit nur ein Teil des gezielten, kritischen Lesens – und schon aus diesem Grund ist die Erhöhung der Lesegeschwindigkeit nicht das zentrale Anliegen einer guten Lesetechnik.

Welches Leseziele habe ich?

»Lesefutter« ist in reichlichem Maße um uns vorhanden: Zeitungen, Zeitschriften und Werbematerial flattern uns täglich ins Haus, in den Regalen stehen Nachschlagewerke, Romane und Fachliteratur, auf unserem Schreibtisch warten die Schulbücher und Unterlagen. Die meisten Menschen verbringen täglich eine beträchtliche Zeit mit Lesen, wobei sie die unterschiedlichsten Zielsetzungen verfolgen:

- zur Unterhaltung,
- aus Neugierde,
- zur Orientierung über das Tagesgeschehen,
- um eine Information, Antwort auf eine bestimmte Frage zu suchen,
- um sich kritisch mit einem Problem, mit Widersprüchen auseinanderzusetzen,
- um Stoff für einen Bericht, einen Vortrag zu sammeln,
- um für die Schule, für eine Prüfung zu lernen.

Klarheit über unser Leseziel brauchen wir einerseits, um zu entscheiden, *welches Material* wir suchen und bearbeiten, und andererseits, weil davon die *Art des Vorgehens* abhängt: überfliegen wir nur die Schlagzeilen, wählen wir einzelne Kapitel aus, suchen wir gezielt nach bestimmten Passagen oder lesen wir von der ersten bis zur letzten Seite und lassen uns von den Beschreibungen und Entwicklungen überraschen? Wie intensiv setzen wir uns mit den einzelnen Abschnitten oder mit dem ganzen Text auseinander?

Kein Mensch kann alle Neuerscheinungen auch nur seines Fachgebietes lesen. Dies ist auch gar nicht notwendig, da zwar sehr viele Bücher gedruckt werden, ein großer Teil davon aber (für uns) nichts Neues oder nichts Wichtiges enthält. Entscheidend ist vor allem, daß wir die *richtigen* Bücher lesen und möglichst schnell und zuverlässig feststellen, welche Bücher uns wirklich neue und wichtige Informationen vermitteln. Dies ist sicher nicht einfach – glaubt man der jeweiligen Werbung, strotzt jedes Buch von bahnbrechenden Erkenntnissen und einmaligen Schilderungen.

An erster Stelle steht somit die klare *Festlegung des eigenen Leseziels.* Bevor wir in Bibliotheken, Bibliographien, Buchhandlungen und Lexika nach Informationen suchen, müssen wir möglichst genau beschreiben, welche Fragen wir beantwortet haben, in welche Gebiete wir uns vertiefen wollen.

Darauf folgt bei jedem einzelnen Buch die Überprüfung, ob und was es zur Klärung unserer Fragestellung beitragen kann. Hinweise auf Inhalt und Zielsetzung eines Buches geben der Umschlagtext, das Vorwort, das Inhaltsverzeichnis und eventuelle Zusammenfassungen und Schlußbemerkungen. Wichtige Informationen über die Aktualität eines Buches liefert das Erscheinungsjahr (bei Büchern, die aus einer anderen Sprache übersetzt wurden, muß zusätzlich noch auf das Erscheinungsjahr der Originalausgabe geachtet werden) und die Auflage.

Aufschlüsse über den Hintergrund eines Buches kann uns der Verlag geben – manche Verlage sind auf eine bestimmte Richtung spezialisiert, andere weltanschaulich gebunden – sowie der Ruf des Autors: welche anderen Bücher hat er geschrieben, auf welchen Gebieten arbeitet er?

Oft erkennen wir bereits aufgrund dieser Angaben, daß das Buch andere Schwerpunkte hat, keine neuen Informationen bringt oder sich nicht auf unsere Fragestellung bezieht und somit weggelegt werden kann. Ist diese erste Prüfung positiv verlaufen, ist es dennoch wichtig, sich vor der Lektüre noch einen besseren Überblick zu verschaffen.

Haben wir einen Zeitschriftenartikel vor uns, empfiehlt es sich, vorher nicht nur die Schlagzeilen, sondern auch die Überschriften und Untertitel zu lesen, um so den Aufbau und die Gliederung kennenzulernen. Auch die Zusammenfassungen am Anfang oder Schluß des Artikels helfen bei der Vorbereitung der Lektüre. Bearbeiten wir ein Fachbuch im Hinblick auf eine eigene Fragestellung, werden wir oft nur einzelne Kapitel daraus lesen. Trotzdem ist es dann wichtig, den Gesamtaufbau und die Gliederung zu kennen, um die Information richtig einordnen zu können.

Was will ich erfahren?

In einem Experiment erhielten Jugendliche einen Text, den sie jeweils zu zweit unter verschiedenen Bedingungen bearbeiteten:

- **zum ersten Drittel des Textes mußten sie ihrem Partner Fragen stellen,**
- **zum zweiten Drittel beantworteten sie Fragen,**
- **das letzte Drittel lasen sie für sich allein durch.**

Anschließend wurde für den ganzen Text geprüft, wieviel sie verstanden und behalten hatten. Für die Textstellen, die sie durch Fragen oder Antworten bearbeitet hatten, ergaben sich deutlich bessere Ergebnisse als für die Stellen, die nur gelesen worden waren.

Beim Lesen ist die Motivation besonders wichtig, da die wenigsten Fachbücher ihre Leser durch atemberaubende Spannung fesseln. Die Konzentration wird auch hier durch *eigene Aktivität* und eine *eigene Zielsetzung* gefördert. Dies geschieht am besten durch das Formulieren von *Fragen.*

Untersuchungen zeigen, daß Fragen, die man vor Beginn der Lektüre stellt, wesentlich zum Verständnis, zur Konzentration auf das Wesentliche und zum längerfristigen Behalten beitragen. Fragen können sich beispielsweise nach der Definition neuer Begriffe und Fachausdrücke ergeben, nach der Beziehung eines Unterabschnittes zum übergeordneten Thema, nach dem Anwendungsbereich und der praktischen Brauchbarkeit der dargelegten Theorien, nach der Darstellungsart (sachliche Beschreibung oder persönliche Meinung des Verfassers), nach den Absichten des Autors oder nach der Beziehung zum bisherigen Wissen des Lesers über das Thema.

Einige Fragen, die sich der Leser stellen kann, sind in diesem Buch immer schon vorgegeben; für weitere, die sich aus Ihrer Situation und Ihren Interessen ergeben, ist jeweils Platz offen gelassen.

Beispiel

Vor der Lektüre der nächsten Seiten hätte sich ein Leser folgende Fragen stellen können:

- **Wie kann ich beim Lesen mehr behalten?**
- **Sind die Ratschläge für mich anwendbar?**
- **Unterscheiden sich die empfohlenen Techniken von meinem bisherigen Vorgehen?**
- **Was ist eine Strukturskizze?**
- **Gibt es verschiedene Arten von Lesenotizen?**
- **Wird auf meine Leseprobleme eingegangen?**
- **Will ich Markierungen verwenden?**
- **Wer beantwortet meine Fragen?**

Zu Beginn fällt es sicher schwer, Fragen zu finden und zu formulieren – wir sind zu sehr gewohnt, uns vom Inhalt eines Buches überraschen zu lassen. Es empfiehlt sich, diese Fragen schriftlich zu fixieren und damit gleichzeitig eine nachträgliche Kontrolle zu ermöglichen.

Machen Sie die Probe aufs Exempel: Überprüfen Sie das nächste Kapitel dieses Buches (S. 76) und überlegen Sie mindestens fünf Fragen, die Sie an den Text stellen:

....

....

....

....

....

Vergleichen Sie Ihre Fragen mit den Beispielen auf S. 186

Erst nach diesen Vorbereitungen erfolgt das eigentliche *Lesen*, wobei wir das eigene Leseziel und die vorher formulierten Fragen nicht aus den Augen lassen.

Fachbücher sind oft in einer schwer verständlichen Sprache geschrieben. Zunächst müssen wir sicherstellen, daß wir die verwendeten Fremdwörter und Fachausdrücke verstehen. Ist dies nicht der Fall und sind im Buch selbst keine Definitionen enthalten, hilft uns ein Lexikon oder Fachwörterbuch. Ist dagegen ein Gedankengang unklar, empfiehlt es sich, den ganzen Abschnitt nochmals konzentriert durchzulesen. Bleibt die Unklarheit bestehen, versehen wir den Rand mit einem Fragezeichen und lesen weiter. Nach der Lektüre des ganzen Kapitels ist es – infolge des besseren Überblicks über die Zusammenhänge – meist möglich, den Sachverhalt zu verstehen.

Übung:

Der nachfolgende Text ist ziemlich kompliziert. Lesen Sie ihn durch und versuchen Sie, ihn zu verstehen. Notieren Sie die Wörter, deren Bedeutung Ihnen nicht ganz klar ist und schlagen Sie sie im Wörterbuch nach:

»Beim Lesen werden die Interessen und Zielsetzungen sowie das Vorwissen des jeweiligen Lesers mit einem sprachlichen Wissensangebot konfrontiert. Durch Lesen werden Wissensstrukturen im Kopf des Lesers aufgebaut und verändert. Dabei wird die im Text konservierte Wissensstruktur jedoch nicht einfach in den Kopf des Lernenden hinübertransportiert und dort abgelagert. Vielmehr bedeutet das Verstehen eines Textes eine fortlaufende aktive Integration von Textwissen mit dem Vorwissen unter der Steuerung spezieller Interessen und Zielsetzungen. Der Verstehensprozeß beruht auf der Interaktion zweier paralleler Verarbeitungsrichtungen. Die *aufsteigende* oder textgeleitete Verarbeitung wird durch das Textangebot ausgelöst und gesteuert. So wird durch den Text bestimmtes Vorwissen aktiviert oder bereitgestellt. Die *absteigende* oder schemageleitete Verarbeitung wird durch Vorwissen und Zielsetzungen gesteuert, die bestimmte Erwartungen und Suchprozesse auslösen. Im Verstehen sind so Text und Leser wechselseitig miteinander verbunden, deshalb kann von einer *Leser-Text-Interaktion* gesprochen werden.«

Unklare Wörter	Bedeutungen
....	....
....	....
....	....
....	....

Können Sie die folgenden Fragen beantworten?

1. Von welchen Wissensstrukturen ist die Rede?
2. Welche Rolle spielen die Zielsetzungen des Lesers?
3. Wann wird der Text verstanden?
4. Wodurch wird die aufsteigende Verarbeitung ausgelöst?
5. Wodurch wird die absteigende Verarbeitung gesteuert?

Können Sie den Text in einer Skizze zusammenfassen?

Ein Lösungsvorschlag befindet sich auf S. 186/187

Wieviel habe ich behalten?

Ist es Ihnen nicht auch schon so ergangen? Sie haben einen Text gelesen, dem Sie ohne Schwierigkeiten folgen konnten. Scheinbar haben Sie aufmerksam gelesen, den Einzelheiten die nötige Beachtung geschenkt. Stellt Ihnen aber zum Schluß jemand eine Frage, werden Sie unsicher, müssen nochmals nachsehen.

Meistens ist aber niemand da, der uns prüft, wieviel wir von einem Text behalten haben. Statt uns weiter im Glauben zu wiegen, es sei noch alles vorhanden, tun wir besser daran, uns davon zu überzeugen.

Dies bedeutet, daß man beim Lesen von Fachliteratur immer wieder innehalten sollte, um sich Rechenschaft über das neuerworbene Wissen abzulegen. Dieses Anhalten und Rekapitulieren ist einer der wichtigsten Bestandteile des aktiven Lernens. Es wird ihm deshalb oft bedeutend mehr Zeit gewidmet als dem eigentlichen Leseprozeß.

Praktisch sieht das Rekapitulieren wie folgt aus:

> Nach der Lektüre eines Abschnittes sehen wir vom Buch weg und überlegen, welches die wichtigsten Informationen waren. Die beste Kontrolle über unser Gedächtnis haben wir, wenn wir versuchen, eine schriftliche Zusammenfassung zu erstellen. Prüfen Sie, ob alles klar ist, ob Sie die von Ihnen vorher formulierten Fragen beantworten, die vorkommenden Fremdwörter definieren können. Stoßen Sie dabei auf Schwierigkeiten, ist jetzt der Zeitpunkt, einzelne Passagen nochmals durchzulesen.

Wie halte ich die Informationen fest?

Was das Durcharbeiten von Büchern betrifft, gibt es zwei grundsätzlich verschiedene Einstellungen: Die einen wollen ihre Bücher und Unterlagen möglichst makellos erhalten und verwenden für Ihre Notizen deshalb Blätter, die sie dazuheften, die anderen möchten ihre Auseinandersetzung mit dem Text auch sichtbar machen und unterstreichen, kreuzen an, machen Randbemerkungen.

Bei ausgeliehenen Büchern verbietet sich die zweite Variante von selbst; bei eigenen können wir entscheiden, welches Vorgehen uns mehr entspricht. Wichtig ist nur, daß wir unsere Überlegungen zur Lektüre auch festhalten.

Viele Lernende, die direkt in die Bücher schreiben, arbeiten mit farbigen Stiften, mit denen sie die wichtigsten Begriffe und Sätze im Text hervorheben. Bei diesem Vorgehen empfiehlt es sich, die Unterstreichungen erst vorzunehmen, wenn wir den Abschnitt bereits durchgelesen haben: während der Lektüre fehlt uns noch der Überblick, welches die wichtigsten Punkte sind. Achten Sie darauf, daß Sie nur sparsam unterstreichen – wenn der halbe Text auf diese Weise markiert ist, wird er unübersichtlich.

Wenn Sie sich für die Variante »Unterstreichen im Text« entscheiden, ist das Innehalten beim Lesen und Zusammenfassen aus dem Gedächtnis besonders wichtig, um sicherzustellen, daß Sie das Wissen auch aufnehmen und nicht nur »markieren«.

Bewährt hat sich beim Bearbeiten von Texten auch das Verwenden von Symbolen und Abkürzungen am Rande, z.B.

	X	besonders wichtig
	!	einverstanden, stimme zu
	?!	Zweifel, nicht einverstanden
	?	unklar
	D	Definition
⟶	S. 34	Verweis auf andere Textstelle
⟶	1 2	Verweis auf eigene Notizen, die entsprechend numeriert sind

Unabhängig davon, welche Notizentechnik Sie verwenden, sollten Sie sich beim Durcharbeiten immer wieder die Frage stellen, wie Sie die Informationen für sich übersichtlicher machen können. Lassen sich komplexe Zusammenhänge auch graphisch darstellen, lange Aufzählungen in einer Tabelle zusammenfassen?

Auch wenn wir nicht in die Bücher schreiben, ist es wichtig, daß wir unsere Notizen jeweils erst nach der Lektüre eines Abschnittes machen und nicht einfach einzelne Sätze des Textes abschreiben. Wenn wir die wichtigsten Aussagen mit unseren eigenen Formulierungen zusammenfassen, verarbeiten wir die Inhalte wesentlich besser und kontrollieren gleichzeitig, ob wir alles verstanden haben.

Umfang und Form unserer Notizen hängen dabei vor allem vom *Leseziel* ab:

– Suchen wir aus verschiedenen Büchern und Unterlagen wichtige Informationen für eine größere Arbeit zusammen?

  → Dann läßt sich mit *Karteikarten* das Ziel erreichen, die Angaben flexibel und entsprechend unseren Fragestellungen zu sammeln, jederzeit einen Überblick über die zu einem bestimmten Thema gespeicherten Daten zu erhalten und sie nach unseren Kriterien zu gliedern. (Beispiele von Karteikarten s. S. 122)

– Arbeiten wir ein Buch systematisch durch, um uns auf eine Prüfung vorzubereiten?

  → Dann bewähren sich *lose Blätter,* auf denen wir genaue Quellenangaben anbringen und genügend Platz lassen für Schlagwörter, nachträgliche Ergänzungen und Definitionen sowie für Querverweise auf andere Unterlagen und Notizen. (Beispiele für eine solche Einteilung finden sich auf S. 86)

- Gehört das Buch uns, das wir bearbeiten?

  → Wir markieren die wichtigsten Stellen, bringen Abkürzungen und Symbole an, die unsere eigenen Gedanken und Querverweise erkennen lassen.

- Wollen wir uns in ein Gebiet einarbeiten, den Aufbau, die Zusammenhänge sichtbar machen?

  → Eine gute Übersicht über Strukturen, Zusammenhänge, Beziehungen zwischen Teilaspekten wird oft durch eine Tabelle, eine graphische Darstellung oder eine Strukturskizze ermöglicht (s. Beispiel S. 73).

Auch Kombinationen der verschiedenen Formen können sinnvoll sein: Wollen wir für eine Prüfungsvorbereitung oder eine größere Arbeit festhalten, zu welchen Ergebnissen verschiedene Autoren hinsichtlich bestimmter Fragestellungen gekommen sind, erstellen wir eine Tabelle, in die wir die entsprechenden Punkte eintragen. Gleichzeitig notieren wir Informationen, die sich auf andere Sachverhalte beziehen, auf Karteikarten.

Wie beende ich die Lektüre?

Nehmen wir an, Sie haben ein wichtiges Kapitel Abschnitt für Abschnitt gelesen, dabei immer wieder rekapituliert und Notizen gemacht. Jetzt sind Sie am Schluß des Textes angelangt. Bevor Sie das Buch zuklappen, folgt noch ein wichtiger Schritt: Die *Nachbereitung*, die einerseits dazu dient, den *Gesamtzusammenhang* wieder herzustellen, und andererseits, die Inhalte *kritisch* zu überdenken.

Besteht unser Leseziel vor allem im Lernen, im Aufnehmen der wichtigsten Inhalte, steht der erste Aspekt im Vordergrund. Wir lesen dazu die Notizen und Markierungen zu den einzelnen Abschnitten nochmals durch, ergänzen sie falls notwendig, überprüfen unsere Gliederung oder Skizzen daraufhin, ob der Aufbau, die Struktur des Textes daraus erkennbar wird, und kontrollieren, ob unsere Fragen beantwortet sind.

Setzen wir uns mit einem Text kritisch auseinander, dient die Nachbereitung dazu, Distanz zu gewinnen und unsere eigenen Gedanken zu formulieren. Wir vergleichen die Aussagen mit unseren bisherigen Kenntnissen und mit Informationen aus anderen Quellen. Oft wird es vorkommen, daß

Beispiel: Strukturskizze zum Kapitel Konzentration (S. 42)

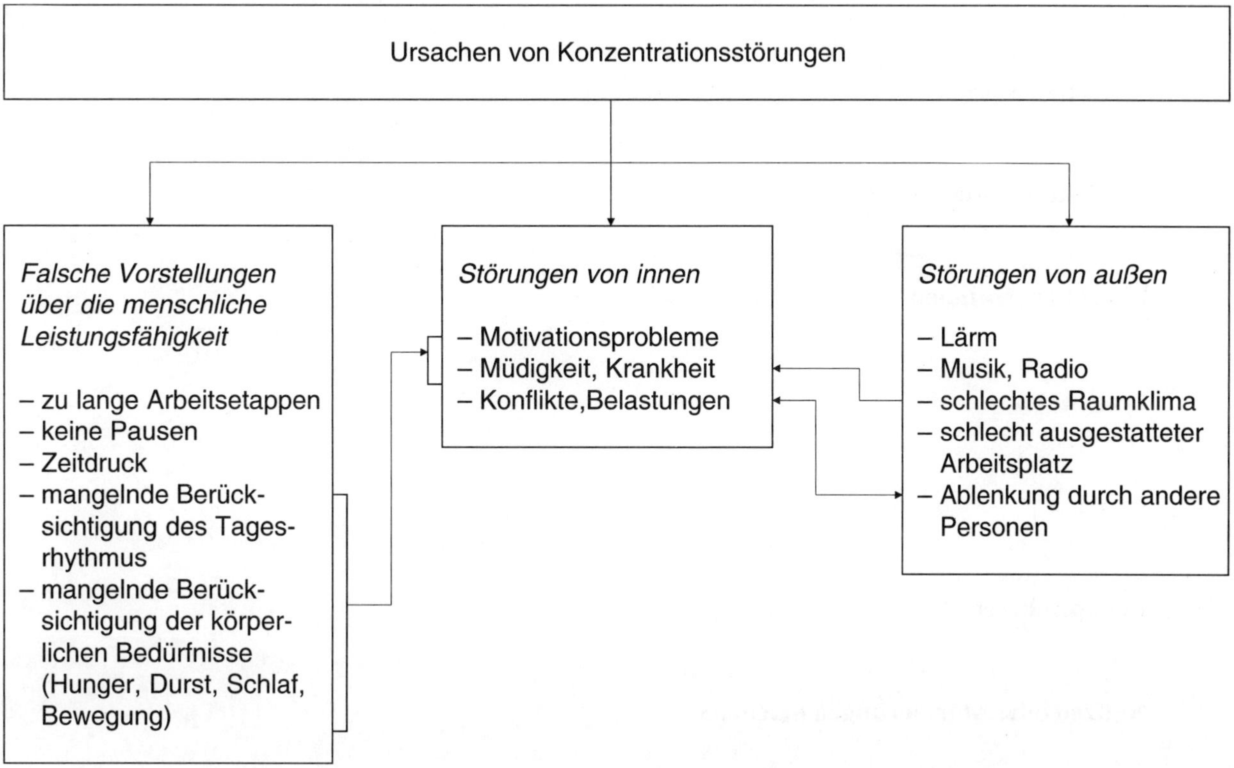

sich erst aus der Lektüre neue Fragen ergeben, die auch nicht immer sofort beantwortet werden können. (Z. B. wie kommt der Autor zu dieser Aussage? Könnte man dieses Ergebnis auch anders interpretieren? Widerspricht sich der Autor hier nicht selbst? Hat er alle Fakten berücksichtigt oder vielleicht unbequeme unter den Tisch fallen lassen?) Je nach Art dieser Fragen werden wir uns durch gezielte Nachforschungen um Klärung bemühen oder einen Vermerk in unseren Notizen anbringen.

Möglicherweise erkennen wir auch, daß wir unsere bisherige Meinung aufgrund mangelhafter Kenntnisse gebildet oder daß wir uns nur oberflächlich mit einem Thema auseinandergesetzt haben. In diesem Fall ist es besonders wichtig, daß wir nicht einfach neuen Behauptungen vertrauen, sondern uns zunächst überlegen, welche Informationen wir zu einer objektiveren Stellungnahme benötigen.

Zusammenfassung

Zum gezielten, kritischen Lesen gehören folgende Schritte:

Leseziel festlegen

↓

Gezielte Auswahl der Texte

↓

Überblick gewinnen

↓

Fragen stellen

↓

Lesen

↓

Rekapitulieren

↓

Notizen oder Markierungen machen

↓

Nachbereiten.

Vielleicht erschreckt Sie diese lange Kette und Sie denken jetzt, daß Sie für dieses aufwendige Vorgehen keine Zeit haben. Gerade wenn Sie aber unter Zeitdruck stehen, weil Sie für eine wichtige Prüfung noch viel lesen müssen, sollten Sie die vorgeschlagenen Strategie einmal versuchen. Sie werden feststellen, daß Sie nicht nur Zeit sparen, die Sie sonst mit (meist wenig ergiebigem) mehrfachem Lesen verbracht haben, sondern auch besser vorbereitet sind.

Übung

Im Kapitel »Lesen« wurde immer wieder auf die Zusammenhänge von Leseziel und Vorgehen hingewiesen. Versuchen Sie, diese Zusammenhänge für sich sichtbar zu machen, indem Sie die nachfolgende Tabelle ausfüllen.

Leseziel	Lesevorbereitung	Form der Notizen	Lesenachbereitung
Lernen aus Büchern			
Klärung bestimmter Fragen			
Kritische Auseinander-setzung			
Vorbereitung einer größeren Arbeit			

Ein Lösungsvorschlag befindet sich auf S. 187

Lernen im Unterricht – Notizen machen

- Wie unterscheide ich beim Zuhören Wesentliches von Unwesentlichem?
- Wie erleichtere ich mir das Lernen während des Unterrichts?
- Welche Form von Notizen ist zu empfehlen?
- Welche Notizen sind eine gute Grundlage für die Prüfungsvorbereitung?

....

....

Warum fällt uns das Zuhören so schwer?

»Was die kleine Momo konnte wie kein anderer, das war: Zuhören. Das ist doch nichts Besonderes, wird nun vielleicht mancher Leser sagen, zuhören kann doch jeder.
Aber das ist eine Irrtum. Wirklich zuhören können nur ganz wenige Menschen. Und so wie Momo sich aufs Zuhören verstand, war es ganz und gar einmalig.
Momo konnte so zuhören, daß dummen Leuten plötzlich sehr gescheite Gedanken kamen. Nicht etwa, weil sie etwas sagte oder fragte, was den anderen auf solche Gedanken brachte, nein sie saß nur da und hörte einfach zu, mit aller Aufmerksamkeit und aller Anteilnahme. Dabei schaute sie den anderen mit ihren großen, dunklen Augen an, und der Betreffende fühlte, wie in ihm auf einmal Gedanken auftauchten, von denen er nie geahnt hatte, daß sie in ihm steckten.«

Wer überlegt, welche einzelne Eigenschaft am sichersten zur Beliebtheit eines Menschen führt, kommt zweifellos auf die Fähigkeit zuzuhören, auf den anderen einzugehen. Jeder Mensch hat das Bedürfnis, sich auszusprechen, verstanden zu werden. Oft bestehen »Gespräche« zwischen zwei Menschen jedoch vor allem darin, daß jeder auf eine Pause im Redefluß des andern lauert, um mit seiner eigenen Geschichte loslegen zu können . . .

Fragen wir uns, welches Verhalten im Unterricht am sichersten zum Lernerfolg führt und bei der Prüfungsvorbereitung den geringsten Streß und Zeitaufwand mit sich bringt, kommen wir wieder auf das aktive Zuhören, die kritische Auseinandersetzung mit dem Unterrichtsstoff. Aber wir ertappen uns immer wieder, daß wir in Gedanken ganz woanders sind und das Gesagte ungehört verhallt . . .

Natürlich können wir alle zuhören. Gewisse Dinge hören wir nicht nur genau, wir vergessen sie auch nie. Nur sind dies leider selten die Worte des Lehrers in der Schule. Es sind beispielsweise *Sensationen oder Katastrophenmeldungen* (wer hört nicht zu, wenn von einem neuen Rekord berichtet wird, von einem Attentat, von einem Reaktorunfall), Dinge, die *unser Leben beeinflussen* (es geht um einen Ausbildungsplatz, um eine Bewerbung) oder uns sehr *nahegehen* (Verliebte erinnern sich an jedes Wort, das im Mondschein geflüstert wurde).

Welche Faktoren können dafür verantwortlich gemacht werden, daß wir in diesen Fällen zuhören, aufnehmen, behalten?

- *Konzentration:* Wir richten unsere Aufmerksamkeit einzig auf die Mitteilung und denken daneben weder über den Zahnarztbesuch noch unsere Ferienpläne nach.
- *Motivation:* Wir sind interessiert, wir wollen die Nachricht erfahren, wir haben Appetit darauf – während wir sonst meist überfüttert sind.
- *Zusammenhänge:* Verliebte brauchen keine langen Erklärungen. Auch halbe Sätze werden vom Partner verstanden, weil er jedem Wort die richtige Bedeutung beimißt. Er kennt die Vorgeschichte.
- Die *»Wellenlänge«:* Wir stellen uns auf den anderen ein, unser Aufnahmevermögen entspricht seiner »Sendefrequenz«.

Das Zusammenspiel einiger oder aller vier Faktoren bewirkt, daß eine Nachricht automatisch und mühelos in unser Bewußtsein eindringt und im Gedächtnis verankert wird.

Wenn wir wissen, in welchem Klima unser Aufnahmevermögen gedeiht, können wir uns auch überlegen, wie wir diese Klima selbst schaffen können. Um nicht später die Informationen mühsam beschaffen und nachlernen zu müssen, möchten wir einer Lektion, einem Vortrag oder einem Kurs aufmerksam folgen. Wir sorgen deshalb für Konzentration, Motivation, Einblick in die Zusammenhänge und gleiche Wellenlänge:

Konzentration: Von äußeren und inneren Störfaktoren war bereits die Rede (S. 48/49). Versuchen Sie, möglichst viele dieser Störfaktoren auszuschalten, indem Sie sich beispielsweise nicht in die hinterste Reihe setzen, wo Straßenlärm und das Geflüster von unaufmerksamen Kollegen besser zu hören sind als die Stimme des Lehrers.

Setzen Sie sich zum Ziel, dem Aufbau genau zu folgen und klare Notizen zu erstellen. Dadurch werden Ihre Sinne auf den Vortrag gerichtet (Augen, Ohren, Motorik) und Sie sind eher gefeit gegen Ablenkungen.

Motivation: Wie bei allem Lernen gehört zum aktiven Zuhören eine eigene Beteiligung. Wir sind motiviert, wenn wir mit eigenen Fragen in die Stunde gehen, wenn wir Antworten suchen. Wecken Sie Ihre Neugier, indem Sie überlegen, was Sie in dieser Stunde erfahren wollen, in welchem größeren Zusammenhang das Gebiet steht, welche Verbindung zu Ihrem Ausbildungsziel besteht, wo Sie die Kenntnisse anwenden wollen, welche Beziehungen zu anderen Bereichen Sie sehen, was Sie noch nicht verstanden haben.

Gewöhnen Sie sich an, diese Fragen auch zu stellen: Sie werden nicht nur selbst besser lernen und Ihre Mitschüler zu eigenen Fragen anregen, sondern auch dem Lehrer Gelegenheit geben zu erkennen, was unklar ist und welche Bereiche Sie besonders interessieren.

Zusammenhänge: Wie Sie sich bei einem Buch zunächst einen Überblick verschaffen, sollten Sie schon vor Beginn des Vortrages wissen, mit wem und was Sie es zu tun haben. Rufen Sie sich vorher in Erinnerung, was Sie bereits über das Thema wissen, überprüfen Sie die entsprechenden Notizen und Bücher. Kursen und Vorlesungen können wir am besten folgen, wenn wir vor jeder Lektion die Notizen der Vorstunde kurz durchsehen. Neue Informationen lassen sich auf diese Weise schneller einordnen.

Fehlt Ihnen diese Übersicht, bitten Sie den Lehrer, Ihnen die Gliederung zu erläutern (vgl. S. 84).

Wellenlänge: Viele Lehrer, die ihren Stoff zu schnell und zu abstrakt vortragen, zuwenig erklären, haben noch nicht gelernt, sich auf die entsprechende Schulstufe und den Wissensstand der Schüler einzustellen. Sie werden ihre »Frequenz« nur ändern, wenn sie von den Schülern darauf aufmerksam gemacht werden. Sprechen Sie oder Ihr Klassensprecher diese Lehrer darauf an, melden Sie ihnen, wenn sie über Ihre Köpfe hinwegreden, zeigen Sie, wo Sie Lücken haben oder Schwierigkeiten zu folgen.

Ist das Tempo eines Vortrags zu schnell, können wir lediglich versuchen, mit unseren Notizen wenigstens grob die Struktur festzuhalten und die Lücken nachträglich zu füllen. Unbekannte Fremdwörter notieren wir und holen die Definitionen beim Lehrer, bei Kollegen oder im Wörterbuch bis zur nächsten Lektion ein.

Wichtig ist in jedem Fall, daß Sie sich von einer Unklarheit nicht aus der Bahn werfen lassen. Bringen Sie einen Vermerk in Ihren Notizen an und konzentrieren Sie sich auf die Fortsetzung, sonst werden Sie leicht ganz abgehängt.

Zwei Voraussetzungen sind somit vor allem von Bedeutung:
die *gezielte Vorbereitung* und die *aktive Beteiligung*.

Warum sollte ich mir Notizen machen – es gibt doch Fotokopierer?

Mephistopheles:
Doch Euch des Schreibens ja befleißt,
Als diktiert Euch der Heilig Geist!

Schüler:
Das sollt Ihr mir nicht zweimal sagen!
Ich denke mir, wie viel es nützt:
Denn was man schwarz auf weiß besitzt,
Kann man getrost nach Hause tragen.«

Goethe: Faust, 1. Teil

Blickt man während einer Vorlesung in einen Hörsaal, sieht man fast alle Studenten eifrig mit Schreiben beschäftigt; dennoch findet vor Prüfungen meist ein hektischer Austausch von Notizen und Unterlagen statt: Viele mißtrauen den eigenen Mitschriften, halten sie (oft zu Recht) für unübersichtlich, unvollständig, und glauben, daß sie nicht die wesentlichen Punkte enthalten.

In der Sekundarstufe ist das Notizenschreiben weniger häufig. Der Verbrauch an Fotokopien nimmt dagegen ständig zu. Warum soll es nicht vorteilhafter sein, eine übersichtliche Darstellung der wichtigsten Informationen vervielfältigt zu erhalten, als mühevoll und vielleicht lückenhaft selbst mitzuschreiben? War nicht bereits von Untersuchungsergebnissen die Rede, wonach eine Konzentration auf zwei Dinge zur gleichen Zeit unmöglich ist? Wenn wir unsere Aufmerksamkeit darauf richten, gute Formulierungen zu finden, zusammenzufassen – verpassen wir dann nicht wichtige Äußerungen des Lehrers?

Den offensichtlichen Vorteilen von Fotokopien stehen aber auch entscheidende Nachteile gegenüber: Das »Haben« von Inhalten – und sei es auch in übersichtlicher und anschaulicher Form – bedeutet leider noch nicht, daß sie auch gelernt sind. Die Lerngesetze gelten auch für die mündliche Wissensvermittlung: Wenn wir etwas verstehen, die Strukturen kennenlernen, die Beziehungen zum bisher Gelernten sichtbar machen, uns kritisch auseinandersetzen wollen, ist unsere eigene Aktivität erforderlich. Ein gutes Hilfsmittel dazu sind Notizen, die wir während des Vortrages / der Diskussion erstellen und anschließend auf Vollständigkeit und Übersichtlichkeit überprüfen und gegebenenfalls ergänzen.

Natürlich können wir auch Zusammenfassungen, die vom Lehrer abgegeben werden, anschließend überprüfen und bearbeiten. Die Verlockung, sich damit zufriedenzugeben, die schönen Blätter »getrost nach Hause zu tragen« und ordentlich einzuheften, ist aber recht groß – die eigentliche und dann recht zeitraubende Auseinandersetzung erfolgt oft erst im Hinblick auf die nächste Prüfung.

Nicht auf alle Zusammenfassungen kann man sich zudem verlassen: Oft enthalten sie nur das »Fundament« – wichtige Erläuterungen, die im Unterricht gebracht werden, müssen wir selbst ergänzen.

Auch mit unseren Notizen und den abgegebenen Unterlagen wollen wir möglichst rationell lernen. Wir benötigen wiederum Möglichkeiten,

- die Fülle des Gebotenen auf ein »aufnehmbares Maß« zu reduzieren und
- das neue Wissen mit dem bisherigen zu verknüpfen, es für uns aufzubereiten. »Normale Notizen«, die wir uns im Laufe der Jahre angewöhnt haben, erfüllen diese Anforderungen in den seltensten Fällen.

Bin ich mit meinen Notizen zufrieden?

Es gibt verschiedene Arten, Notizen von Vorträgen oder Diskussionen zu erstellen. Entscheidend ist dabei weniger die äußere Form als vielmehr die Abklärung, ob sie unserem Stil entsprechen und die wichtigsten Kriterien erfüllen.

Check-list: Meine Notizen

	Ja	Nein
Sie sind leserlich und ich arbeite gerne damit		
Sie sind übersichtlich und enthalten die wichtigsten Inhalte		
Sie lassen die Gliederung des Vortrages erkennen		
Sie stellen eine gute Grundlage für die Prüfungsvorbereitungen dar		
Sie bieten Raum für meine Fragen, eigenen Überlegungen, Verweise und Gliederungshinweise		
Sie können zusammen mit Unterlagen, die im Laufe des Kurses abgegeben werden, geordnet werden		
Ergänzungen, die sich aus Fragen, Diskussionsbeiträgen oder bei der Überarbeitung ergeben, können einbezogen werden		
Sie sind so beschriftet, daß auch zu einem späteren Zeitpunkt erkennbar ist, von welchem Kurs/Vortrag sie stammen		
Sie trennen deutlich zwischen Ausführungen des Lehrers, der Teilnehmer und eigenen Gedanken		
Die Form ist so flexibel, daß einzelne Teile ausgetauscht oder neu geschrieben werden können		
Sie gehen von meinen Lernzielen aus (nur Stichworte, wenn ich andere Unterlagen habe, ausführlicher, wenn sie als Grundlage für die Lernarbeit dienen sollen)		

Prüfen Sie anhand der obigen Check-list, ob Ihre bisherigen Notizen die wichtigsten Bedingungen erfüllen.

Sind Sie nach dieser Überprüfung mit Ihren bisherigen Notizen zufrieden? Oder möchten Sie einige Hinweise darauf erhalten, wie die obigen Kriterien besser erfüllt werden können?

Wie können diese Kriterien erfüllt werden?

Stefan füllt die Check-list aus und kommt fast ausschließlich zu »Nein«-Einstufungen. »Es ist ja sehr einfach, Kriterien für gute Notizen aufzustellen«, schimpft er. »Ich gehe auch mit allen einig. Aber wie soll ich je zu übersichtlichen, gut gegliederten Notizen kommen? Der Dozent spricht so schnell, daß ich froh bin, wenn ich überhaupt mit Schreiben mithalten kann. Die Gliederung wird mir, wenn überhaupt, erst hinterher klar!«

Zweifellos trägt der Lehrer oder Vortragende selbst viel dazu bei, ob es den Zuhörern möglich ist, gut strukturierte Notizen zu erstellen. Er kann ihnen beispielsweise vor Beginn seiner Ausführungen die Gliederung erläutern und am Schluß die wichtigsten Punkte nochmals zusammenfassen, mit Hellraumprojektor arbeiten, wichtige Punkte an die Tafel schreiben, usw.

Aber auch im günstigsten Fall ist es weder möglich noch erstrebenswert, optimale Notizen bereits während des Zuhörens zu verfassen: Wichtig ist deshalb – wie beim Lesen – die *Nachbereitung.*

Meist haben wir weder Zeit noch Lust, die Notizen später völlig neu zu schreiben. Wir erstellen deshalb die erste Fassung so, daß sie nicht nur übersichtlich ist und alle wichtigen Informationen enthält, sondern auch Raum bietet für Ergänzungen, Gliederungshinweise, eigene Überlegungen und Verweise auf Bücher und andere Quellen.

Dies läßt sich am besten dadurch erreichen, daß das Blatt aufgeteilt wird und während der Stunde nur die Räume A und D ausgefüllt werden (vgl. Abbildung und Beispiel S. 86)

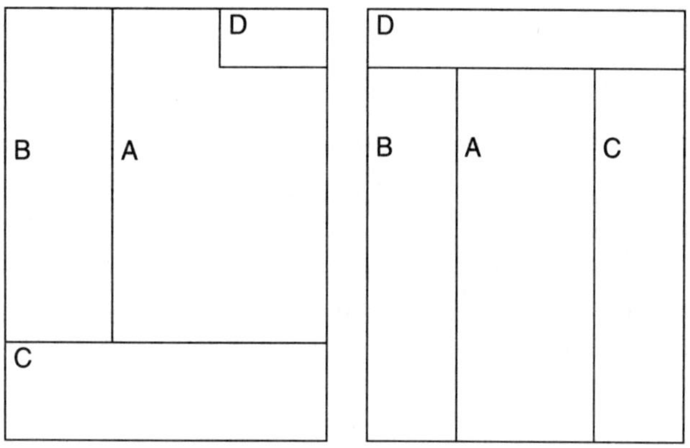

A = Notizen

B = Gliederungshinweise

C = Ergänzungen beim Überarbeiten

D = Name des Dozenten, Datum

Da diese Aufteilung den Platz für die eigentlichen Notizen beschränkt, empfiehlt sich ein großes Format (DIN A 4). Bewährt haben sich lose Blätter; sie können leichter ausgetauscht werden als Heftseiten, wenn wir doch einmal eine Seite neu schreiben müssen, oder ergänzt, wenn wir einmal eine Lektion versäumt haben. Wir bewahren sie in einem Ordner auf, in den wir auch andere zum Kurs gehörende Unterlagen (Vervielfältigungen, Fotokopien, Notizen aus Literaturbearbeitung) einheften.

Wie komme ich zum Skelett des Vortrages?

Ein verbreiteter Fehler vor allem am Anfang besteht darin, daß *zuviel* geschrieben, möglicherweise sogar versucht wird, bei wichtigen Themen alles wörtlich mitzuschreiben, was der Dozent vorträgt. Abgesehen davon, daß dies nur geschulten Stenographen möglich ist, sind solche Notizen auch völlig unübersichtlich, enthalten keine eigene Gedankenarbeit und Auseinandersetzung mit dem Stoff und weisen zudem – infolge Erschöpfung des Schreibers – meist gerade dort Lücken auf, wo die wirklich wichtigen Informationen wären . . .

Natürlich dürfen wir auch nicht in das andere Extrem verfallen und *zuwenig* aufschreiben, da sonst die fehlenden Informationen später mühsam neu zusammengetragen werden müssen.

> Zoologen können aus dem Skelett eines vor der Eiszeit ausgestorbenen Tieres sein Aussehen und oft auch seine Lebensgewohnheiten rekonstruieren. Finden sie nur Haare oder Zähne, bleibt sehr viel Raum für Spekulationen.

Ob wir deshalb zehn oder nur zwei Seiten mit den Notizen eines Vortrages oder einer Diskussion füllen: wir sollten vor allem das Skelett festhalten.

Die *Wirbelsäule* eines Vortrages ist der Aufbau, die Haupt- und Untertitel. Wie der Autor eines Buches überlegt sich auch jeder, der einen Vortrag hält, welche Reihenfolge und Zusammensetzung den Hörern den besten Zugang zu seinem Stoff ermöglichen. Wenn wir einen Einblick in diese Struktur gewinnen, ist die spätere Orientierung wesentlich einfacher.

Viele Dozenten geben am Anfang einen Überblick über die zur Sprache kommenden Gebiete oder am Schluß eine Zusammenfassung. Tut ein Lehrer dies nicht und erschwert Ihnen auf diese Weise das Verfassen systematischer Notizen, bitten Sie ihn darum.

Notieren Sie dann die wichtigsten Stichworte – sie können Ihnen als Schlüssel dienen. Achten Sie auch auf Übergänge wie »wir kommen nun zum nächsten Kapitel«, »Untersuchen wir zunächst ...«, »Es gibt drei verschiedene Arten von ...«, »Wenden wir uns nun dem ... zu«. Weitere Hinweise erhalten wir durch die Sprechweise (unterschiedliche Betonung, Sprechtempo, Wiederholungen) und die Benützung der Wandtafeln oder des Projektors.

Weitere Bestandteile des Skelettes sind die *Hauptaussagen* jedes Abschnittes. In der Zeitung würden sie den Schlagzeilen entsprechen: Eine knappe Zusammenfassung der wichtigsten Informationen, der herausragenden Neuigkeit.

Dann benötigen wir noch die *Schlüsselpunkte,* d.h. die Begründung und die näheren Umstände der Hauptaussagen: *Warum* ist dies so, *wer* hat *wo was auf welche Weise* bewiesen, getan oder gefunden?

Spätere Sucharbeit ersparen wir uns durch das Notieren aller wichtigen Namen, Zahlen, Daten, Fremdwörter und Literaturhinweise, kurz aller *wichtiger Einzelinformationen,* die sich nicht aus dem Verständnis des Ganzen ableiten lassen (und deshalb leicht vergessen werden).

> Damit haben wir das Skelett – alles weitere (wie Beispiele, Zitate, Anekdoten, usw.) ist bereits Fell und Fleisch: Es kann uns im Einzelfall nützlich sein, aber nur, wenn wir darüber das Wichtigere nicht versäumen.

Verwenden Sie Abkürzungen und Symbole sowohl für die häufigsten Fachausdrücke als auch für Ihre persönlichen Verarbeitungshinweise (vgl. auch S. 71).

Wie werden Notizen übersichtlich?

- Notieren Sie wichtige Informationen eingerückt oder heben Sie sie auf andere Weise hervor (z.B. durch einen senkrechten Strich am Rand),
- lassen Sie Leerraum vor Titeln und Untertiteln,
- beginnen Sie immer einen neuen Absatz, wenn ein neuer Gedanke kommt,

– machen Sie auch Aufzählungen durch Einrücken und Absätze klar erkennbar.

Eine übersichtliche Gliederung wird somit vor allem durch eine großzügige Beschriftung erreicht – wobei sparsamen Leuten zur Beruhigung dienen mag, daß die Papierkosten sicher den geringsten Teil der Kosten für die Ausbildung ausmachen ...

Und meine eigenen Gedanken?

Sowenig wir beim Lesen alles schlucken wollen, was uns vorgesetzt wird, sowenig verlieren wir unsere Kritikfähigkeit beim Zuhören. Wenn wir mit Ausführungen nicht einverstanden sind, wenn uns dazu Fragen, Gegenargumente, Einwände oder Ergänzungen einfallen, sollten wir diese auch aufschreiben, um sie entweder bei der anschließenden Diskussion oder bei der späteren Bearbeitung noch gegenwärtig zu haben. Wichtig ist aber, daß wir diese eigenen Gedanken deutlich trennen von jenen des Vortragenden. Aus unseren Notizen sollte klar hervorgehen, welche Informationen im Kurs vermittelt wurden und welches unsere eigenen Überlegungen und Argumente sind. Dies gelingt uns, wenn wir die Blätter in der vorgeschlagenen Weise aufgeteilt haben (Spalte C); eine andere Möglichkeit besteht in der Verwendung zweier verschiedenfarbiger Kugelschreiber.

Fehlt uns während des Zuhörens die Zeit, unsere Kritik zu notieren, bringen wir am Rand ein großes Fragezeichen an. Es erinnert uns später daran, mit welchen Äußerungen wir nicht einverstanden waren.

Wie überarbeite ich die Notizen?

Die Überarbeitung der Notizen nehmen wir uns mit Vorteil für den gleichen Tag vor, wenn alles noch frisch in unserem Bewußtsein ist.

Wenn es uns gelungen ist, klare, übersichtliche Notizen zu erstellen, beansprucht die Überarbeitung wenig Zeit:

– Wir kontrollieren die Leserlichkeit und Verständlichkeit unserer Sätze.
– Wir prüfen die Vollständigkeit des Skeletts.
– Falls wir die Blätter nach dem vorgeschlagenen Schema vorbereitet haben, überlegen wir uns jetzt die besten Schlagwörter für die Kolonne B.
– In Feld C bringen wir die Definitionen von uns bis dahin unbekannten

B	A
	Dr. M. Rother 22.5.87
	<u>Suggestopädie</u> Begründer: Prof. Lozanov, Bulgarien*
Begründung	- Wir nutzen nur einen Teil der Kapazität unseres Gehirns. - Früheres Schulversagen läßt uns an unserer Lernfähigkeit zweifeln. - Beschleunigung des Lernprozesses durch ganzheitliche Lernmethoden. - Betonung der Lernfreude, des angstfreien Lernens.
Verlauf:	Die neuen Inhalte werden in 3 Phasen eingeführt und wiederholt:
1. Kognitive	- <u>Kognitive Phase</u>: Betonung des Verstehens, angenehme Atmosphäre. Bei Fremdsprachen z.B. Einführung von ca. 200 neuen Wörtern pro Lektion.
2. rezeptive	- <u>Rezeptive Phase</u>: Passivität, entspannter Zustand, Musik, rhythmische Darbietung der Wörter und Sätze, Hören und Lesen.
3. aktive	- <u>Aktive Phase</u>: Unter angst- und streßfreien Abrufbedingungen am nächsten Tg. Sprechen und schreiben, Spiele, Kommunikation. Wechsel der drei Phasen. Erfolge beim Sprachenlernen.

C

* Dr. Georgi Lozanov – bulgarischer Arzt und Psychotherapeut

Literatur:
- G. Lozanov: "Suggestology and Outlines of Suggestopedy", New York, 1978
- A. Prichard & J. Taylor "Accelerating Learning: The Use of Suggestion in the Classroom, Nov. Calif. 1980

- Welche Inhalte können auf diese Weise gelernt werden?
- Eigene Ziele? Eigene Verarbeitung?

Fremdwörtern an, notieren unsere eigenen Gedanken und Verweise auf Literatur oder andere Notizen (vgl. Beispiel).
- Vor der nächsten Lektion sehen wir alles nochmals kurz durch und formulieren unsere neuen Fragen.

Sollten die Notizen trotz aller Bemühungen wirr und unübersichtlich sein – sei es, daß wir an einen zerstreuten Professor geraten sind, sei es, daß sich aus Fragen der Zuhörer nachträglich noch entscheidende Informationen ergeben haben, kann es sich lohnen, sie neu zu schreiben. Falls wir uns mit den Inhalten intensiv auseinandersetzen müssen – beispielsweise als Vorbereitung auf eine Prüfung – stellt die Überarbeitung der Notizen keine Zeitverschwendung dar, sondern ist als Teil des aktiven Lernens zu betrachten.

Am besten gehen wir dabei wir folgt vor:

1. *Sichten aller Notizen:* Unterscheiden von Wesentlichem und Unwesentlichem. Oft läßt sich erst nachträglich entscheiden, welches belanglose Details und was echte Schlüsselpunkte waren. Streichen Sie erstere durch, heben Sie die wichtigsten Daten besonders hervor.
2. *Erstellen der Struktur:* Oft erweist es sich als notwendig, die Inhalte neu zu ordnen. Überlegen Sie sich, unter welche Titel sie sich am besten fassen lassen, welcher Aufbau logisch ist. Verwenden Sie für Ihre Bemerkungen und Hinweise die Kolonne B.
3. *Neuschreiben:* Jetzt bereitet die neue Zusammenstellung keine Mühe mehr. Bevor Sie die alten Blätter wegwerfen und die neuen einordnen, kontrollieren Sie nochmals, ob nichts Wichtiges vergessen wurde. Auch bei überarbeiteten Notizen bringen Sie die Schlagwörter für die rasche Orientierung in Feld B und eventuelle Querverweise in Feld C an.

Übung:

Nehmen Sie an, daß Sie dieses Kapitel als Vortrag gehört und sich dabei die nachfolgenden Notizen gemacht haben. Füllen Sie die Kolonne B und C mit Ihren Schlagwörtern, eigenen Gedanken und Querverweisen aus:

B	
	R. Schräder-Naef 24.9.91 **Notizentechnik** Gute Notizen erfüllen folgende Kriterien: – übersichtlich, leserlich, gut gegliedert – flexibel einzuordnen, klar beschriftet (Quelle) – gute Prüfungsgrundlage – deutliche Trennung zwischen Vortrag und eigenen Anmerkungen – können ergänzt werden – enthalten wichtigste Informationen **Vorbereitung** – Auseinandersetzung mit Thema, Durchsicht früherer Notizen – Lernziel **Wichtigste Inhalte** – Nicht zu viel, nicht zu wenig – Aufbau, Gliederung festhalten – Hauptaussagen (wer, wo, was, wie, warum) – Namen, Daten, Literaturhinweise notieren **Nachbereitung** – Möglichst bald nach dem Aufnehmen – Aufbau, Verständlichkeit, Gliederung prüfen, wenn nötig ergänzen – Schlagwörter, eigene Gedanken, Querverweise anbringen
C	

Vergleichen Sie Ihre Lösung mit den Vorschlägen auf S. 188

Mind Maps

Eine andere Möglichkeit, Informationen für sich zusammenzufassen, ist das Erstellen einer *Mind Map*. Dabei werden die Hauptgedanken aus einem Text, einem Vortrag oder aus den Notizen herausgearbeitet und die Begriffe und die Beziehungen zueinander in einem Netzwerk dargestellt. Mind Maps gleichen Bäumen, die von oben gesehen werden: Als Stamm im Mittelpunkt steht das Thema oder Schlüsselwort. Die Hauptäste sind die Schwerpunkte, die Zweige die Einzelheiten. Das Beispiel auf S. 90 zeigt eine Mind Map über den Begriff Mind Map. Der Vorkämpfer der Mind Maps, Tony Buzan, ist überzeugt, daß diese Methode der Funktionsweise des menschlichen Gehirns bei der Informationsverarbeitung weit eher entspricht als herkömmliche Notizen. Als Vorteile sind vor allem zu nennen:

- Jeder Lernstoff ist in vielfältiger Weise verknüpft; auch unser Gedächtnis kann man sich als Netzwerk vorstellen. Gewöhnliche Notizen sind jedoch ebenso wie Bücher linear. Zusammenhänge müssen auf diese Weise auseinandergerissen und durch Querverweise wieder hergestellt werden. Eine Mind Map stellt dagegen die Beziehungen und Verflechtungen dar.
- Sie verbindet die beiden Hauptstrategien des Lernens (vgl. S. 27): der Stoff wird auf das Wesentliche reduziert, die Einzelheiten werden miteinander und mit früherem Wissen verknüpft.
- Jeder Lernende kann sich nach seinen eigenen Ideen und persönlichen Vorlieben eigene Mind Maps erstellen, mit Bildern, Farben, Symbolen.
- Eine Mind Map spart Platz und Zeit beim Darstellen von Informationen.
- Bei der Prüfungsvorbereitung geben Mind Maps einen Überblick, die Möglich keit, systematisch zu lernen, von der Wichtigkeit eines Bereiches auszugehen und die Einzelheiten zu rekonstruieren.

Übung:

Versuchen Sie, den Lernstoff für eine größere Prüfung in einer Mind Map zusammenzufassen. Stellen Sie das Thema als »Stamm« ins Zentrum, überlegen Sie, welche Schlüsselbegriffe die Hauptäste sind, welche Zweige dazugehören, welche Beziehungen zwischen ihnen bestehen. Verwenden Sie Farben, um bestimmte Bereiche hervorzuheben, Pfeile und Symbole, um Querverbindungen deutlich zu machen.

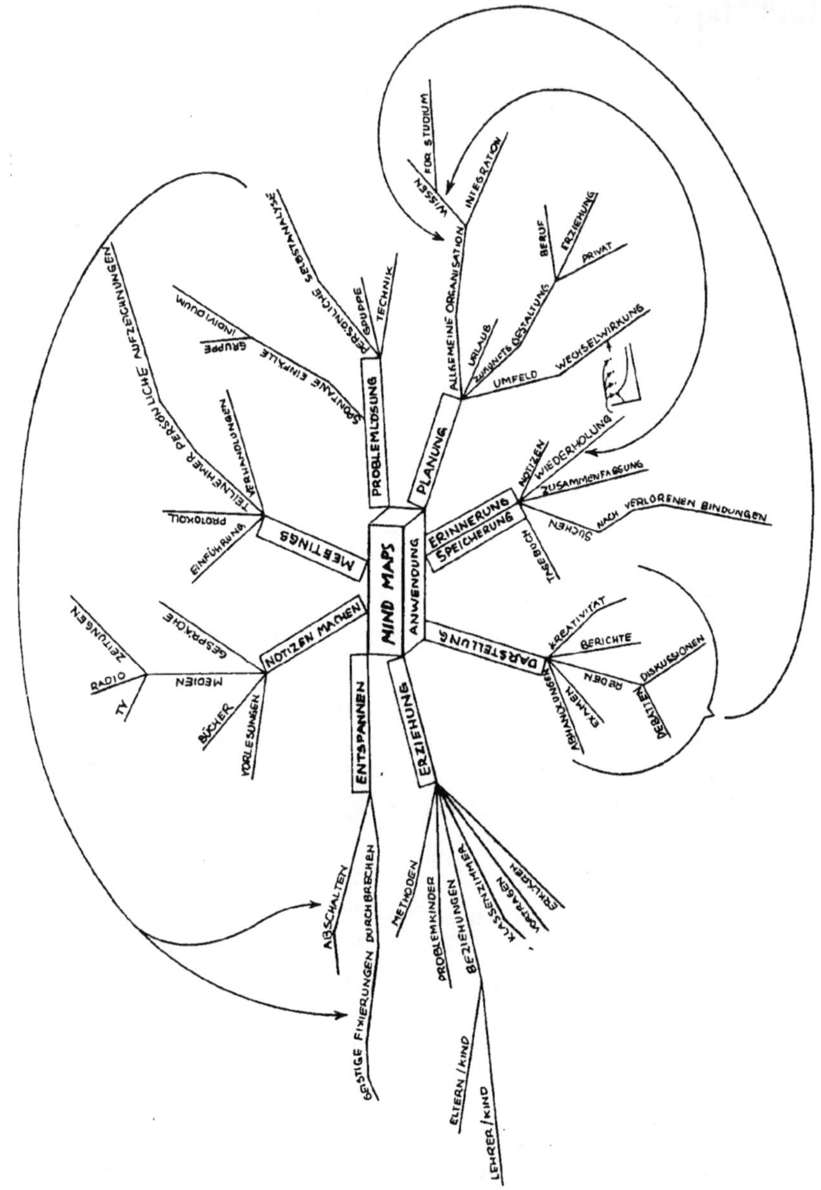

Eine Mind Map über die Anwendungsmöglichkeiten von Mind Maps (Quelle: T. Buzan, »Kopftraining«, 1984, S. 125)

Andere Lernformen

- Welche anderen Lernformen gibt es?
- Worin bestehen die Unterschiede?
- Welche Lerngesetze gelten dafür?
- Kann ich auch beim Fernsehen lernen?

....

....

Wenn von Lernen, von Wissensaufnahme die Rede ist, denkt jeder entweder an Schulunterricht und Kurse oder an Lesen und Pauken mit Büchern.

Dabei wird übersehen, daß die Menschen schon immer – und lange bevor es Schulen und Bücher gab – gelernt haben. Wir haben alle als Kleinkinder entscheidende Fertigkeiten (wie z.B. Laufen oder Sprechen) ganz ohne Unterricht gelernt und lernen während unseres ganzen Lebens neue Dinge dazu, vom Verhalten in einer Gruppe, Umgang mit Geräten und Werkzeugen bis zur Orientierung in einer neuen Umgebung.

Computergestütztes Lernen

Schon lange träumen Menschen davon, im Schlaf zu lernen, und preisen Institute ihre Methoden des mühelosen Wissenserwerbs. In den letzten Jahren wurden vor allem Techniken wie Superlearning und Suggestopädie diskutiert. Auch Computer, Medienverbundsysteme, Tele- und Fernkurse werden fürs Lernen eingesetzt. Das computergestützte Lernen weist für bestimmte Lerntypen und bestimmte Arten von Lernaufgaben zweifellos Vorteile auf (vgl. S. 20):
- Computer können sehr viele Informationen speichern,
- auf die individuellen Antworten des Lernenden reagieren,
- zusätzliche Hilfen geben.

- Die Lernenden müssen ständig die vom Programm gestellten Fragen beantworten, eingeben und bleiben deshalb aktiv und konzentriert.
- Sie können ihre Lernzeit individuell wählen und
- sind unabhängig von Lehrern und Kollegen.
- Sie können in ihrem eigenen Tempo vorangehen und erhalten so viele Informationen und Erklärungen, wie sie benötigen.

Dennoch sind auch bei diesen Methoden die Lerngesetze nicht außer Kraft gesetzt. Zu fragen ist immer, welche Ziele angestrebt werden und welche Methode dem Einzelnen dafür am besten entspricht. Der Computer wird kaum den Lehrer und die Lerngruppe ersetzen, kann sie aber sinnvoll ergänzen.

Eigene Lernaktivität

Unser Schul- und Bücherwissen erreicht uns meist über viele Stationen. Informationen, Erfahrungen und Ergebnisse, die Menschen in aller Welt und über die ganze Menschheitsgeschichte zusammengetragen, ausgewertet, verbessert, zusammengefaßt und geordnet haben, werden uns mitgeteilt – wobei auch die Mitteilenden die Erkenntnisse in den wenigsten Fällen selbst gewonnen haben. Unsere ganze Kultur, der technische und wissenschaftliche Fortschritt gründet auf dieser Fähigkeit, Wissen weiterzugeben. Ein Schwerpunkt dieses Buches liegt deshalb darin, diese Fähigkeiten zu verbessern.

Aber auch die Fähigkeit, in der direkten Auseinandersetzung mit der Wirklichkeit zu lernen, Informationen zu sammeln und zu beurteilen, ist von großer Wichtigkeit und sollte deshalb ständig entwickelt und gefördert werden. Viele Erkenntnisse können wir auf verschiedene Arten gewinnen:

Schüler können das Bruchrechnen lernen, indem sie unzählige Aufgaben nach Anleitung des Lehrers lösen – oder indem sie in einer Gruppe versuchen, vorhandene Vorräte (Kuchen, Äpfel, bunte Papierbogen) gerecht aufzuteilen und daraus allgemeine Prinzipien abzuleiten.
Der Lehrer kann den Aufbau eines Klimadiagramms erklären, indem er schöne farbige Überlappfolien verwendet und Beispiele zeigt – oder indem er die Schüler einen Monat lang die Niederschlagsmengen und Temperaturen in ihrer Umgebung selbst messen, anschließend graphisch darstellen und mit den Werten anderer Regionen vergleichen läßt.

indem wir gut zuhören, wenn sie uns berichtet werden, oder indem wir selbst aktiv werden, prüfen, untersuchen, beobachten, versuchen.

Die eigene Aktivität ist natürlich meist zeitaufwendiger, führt über Fehler, Umwege und Sackgassen. Wenn wir aber auf diese Weise auch die Zusammenhänge verstehen, die Gesetzmäßigkeiten und Hintergründe kennenlernen, werden wir unser Wissen nicht nur besser behalten, sondern leichter auf ähnliche Situationen übertragen können als wenn wir nur »gepaukt« haben.

Welche Lerngesetze gelten?

Beim Lesen und Zuhören wurden drei Bedingungen hervorgehoben, die zur vertieften Aufnahme und zum längerfristigen Behalten beitragen:

- eine gezielte Vorbereitung
- die aktive Auseinandersetzung mit dem Wissensstoff
- eine systematische Nachbereitung.

Diese Bedingungen gelten nicht nur beim Lernen im Unterricht oder aus Büchern, sondern genauso bei allen anderen Formen der Wissensaufnahme.

Gezielte Vorbereitung

Übung:

Schauen Sie aus dem nächsten Fenster und beobachten Sie 5 Minuten, bevor Sie weiterlesen!

Was haben Sie beobachtet? Können Sie folgende Fragen beantworten?

Wieviele Leute sind vorbeigegangen? ______
Welche Farben hatten die Kleider? ______
Welche Bäume und Blumen waren zu sehen?. ______
Können Sie die Häuser gegenüber beschreiben? ______
Welche Farbe haben die Fensterläden? ______
Welche Augenfarbe haben Ihre Nachbarn? ______

Sicher konnten Sie nur jene Fragen beantworten, die sich mit Ihren eigenen Interessen und Beobachtungszielen decken.

Unzählige Dinge sehen und hören wir täglich aufs Neue, ohne sie je wahrzunehmen und zu erinnern – bis wir sie einmal bewußt und gezielt beobachten.

Ob wir deshalb eine eigene Untersuchung durchführen, eine Entwicklung beobachten, ein Museum oder eine Ausstellung besuchen, Fachleute oder Passanten interviewen oder eine Diskussion verfolgen – ohne eine eigene Zielsetzung und eine klare Vorstellung dessen, was wir erfahren wollen, bleibt es dem Zufall überlassen, was wir davon aufnehmen und behalten. Mit Sicherheit sind es nur besonders auffällige, in die Augen springende oder uns direkt betreffende Dinge.

Wie beim Lesen und Zuhören gehört zur gezielten Vorbereitung die Prüfung, in welchen größeren Zusammenhang die neuen Informationen gehören, was wir bereits über den Bereich wissen, wie das Gebiet gegliedert ist, und die Festlegung von Fragen, die wir geklärt haben möchten.

Übung:

Nehmen wir an, Sie bereiten eine Arbeit über einheimische Singvögel vor und wollen deshalb das zoologische Museum besuchen.
Welche Fragen würden Sie sich vorher überlegen?

....

....

....

....

Vergleichen Sie Ihre Fragen mit den Beispielen auf S. 189

Aktive Auseinandersetzung mit dem Wissensstoff

Wieviele Fernsehdiskussionen und Dokumentarfilme haben Sie schon gesehen? Welche Informationen haben Sie davon behalten?

Der Eindruck trügt oft

Der Medienwissenschaftler B. Wember führte Fernsehfilme zum Nordirland-Problem verschiedenen Zuschauergruppen vor und prüfte anschließend deren Aufnahmevermögen. Obwohl 80 Prozent der Zuschauer erklärten, die Filme seien informativ und gut verständlich gewesen, ergab der Test, daß nur 20 Prozent die entscheidenden Informationen einigermaßen verstanden und behalten hatten.

Wenn wir Ausführungen folgen können, haben wir leicht den Eindruck, wir hätten sie auch verstanden und könnten sie wiedergeben. Erst die Kontrolle zeigt, daß dieser Eindruck oft trügt. Meist erfolgt aber keine Kontrolle.

Wer sich aktiv mit neuen Informationen auseinandersetzt, wägt kritisch ab, vergleicht mit seinem bisherigen Wissen, ordnet sie in größere Zusammenhänge ein und prüft, ob er sie mit eigenen Worten zusammenfassen und einem Gegenüber erläutern kann.

Untersuchungen zeigen, daß bereits beim Aufnehmen und noch mehr beim Erinnern von Informationen unsere eigenen Einstellungen, unsere Wünsche, Befürchtungen und Erwartungen eine große Rolle spielen: Wenn vier Personen den gleichen Zeitungsartikel gelesen, die gleiche Fernsehsendung gesehen haben, können sie davon ganz unterschiedliche Aspekte und Einzelheiten behalten. Jeder wird dazu neigen, vor allem jene Aussagen aufzunehmen, die mit seiner Meinung übereinstimmen, und die anderen entweder zu vergessen oder abzuschwächen.

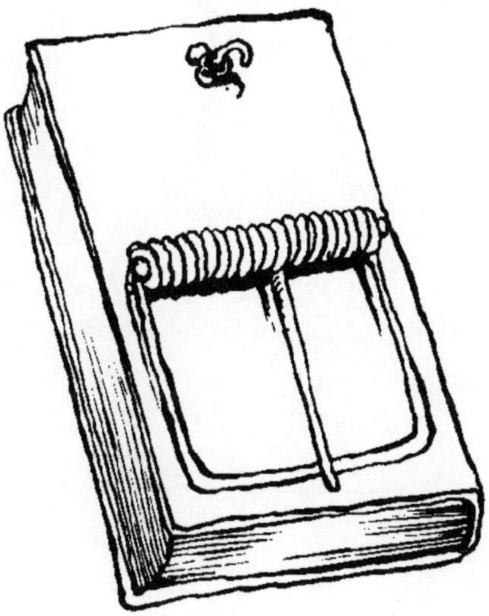

So wichtig deshalb gezielte Vorbereitungen und eigene Fragen sind, so wichtig ist es auch, daß wir uns um eine möglichst objektive Aufnahme bemühen und Informationen und Aussagen, die sich nicht mit unseren Erwartungen decken, die gleiche Aufmerksamkeit schenken wie jenen, die unsere Ansicht bestätigen.

Systematische Nachbereitung

Ein wichtiges Lerngesetz (s. S. 26) besagt, daß wir innerhalb einer gegebenen Zeitspanne nicht beliebig viele, sondern nur eine begrenzte Anzahl neuer Inhalte aufnehmen können. In der ersten Zeit nach dem Lernen entscheidet sich, ob die Informationen wieder vergessen oder im Gedächtnis gespeichert werden. Der Übergang ins Gedächtnis wird gefördert durch die weitere Beschäftigung mit den Inhalten, erschwert dagegen durch die Zuwendung zu anderem Lernstoff.

Beim Lesen und Zuhören besteht die systematische Nachbereitung einerseits in der Überprüfung der Notizen (Vollständigkeit, Übersichtlichkeit, Herstellung der Zusammenhänge und Kontrolle, ob alle Fragen geklärt sind), andererseits in der kritischen Auseinandersetzung.

Diese beiden Aspekte sind auch bei jeder anderen Form der Wissensaufnahme von Bedeutung: wir prüfen, ob unsere Notizen verständlich, gut gegliedert sind und die wichtigsten Informationen enthalten, vergleichen die neuen Informationen mit unserem bisherigen Wissen, halten fest, wo Widersprüche bestehen und welche Fragen weiter geklärt werden müssen.

Kann ich auch aus Fernsehsendungen lernen?

Zahlreiche Bücher setzen sich kritisch mit dem Fernsehen auseinander und belegen, wie oberflächlich unsere Aufnahme der Nachrichten und Dokumentarsendungen ist (vgl. z.B. N. Postman, 1985, J. Meyrowitz, 1987, B. Wember, 1976).

Vom Fernsehen wird Unterhaltung erwartet; die meisten Sendungen sind bestrebt, dem Zuschauer ständig neue Reize, Abwechslung, Bilder, Bewegung zu bieten, um seine Aufmerksamkeit zu fesseln – und ihn dazu zu bringen, sich eine Minute später wieder der nächsten Information zuzuwenden.

Fernsehteams und Reporter beschaffen Informationen und Bilder aus allen Wissensbereichen und allen Teilen der Welt. Täglich werden neben reinen Unterhaltungssendungen auch Hintergrundberichte, politische Diskussionen, Dokumentarsendungen und Weiterbildungsangebote wie beispielsweise Telekolleg und Sprachkurse gebracht. Ist es trotz der eben genannten Probleme möglich, diese Sendungen für unser Lernen zu nutzen?

Übung

Nehmen wir an, im Fernsehprogramm sei eine Sendung zu einem Thema angekündigt, über das Sie gerade eine größere Arbeit vorbereiten. Wie müssen Sie gemäß den in diesem Kapitel gegebenen Ratschläge vorgehen, um davon zu profitieren?

....

....

....

....

Vergleichen Sie Ihre Anwort mit den Hinweisen auf S. 190

4. Selbständiges Arbeiten

Planung und Zeiteinteilung

- Wie kann ich meine Zeit besser einteilen?
- Wie berücksichtige ich bei der Planung meinen Tagesrhythmus
- Wie gewinne ich mehr Freizeit?
- Wofür möchte ich mehr Zeit haben?
- Wie finde ich neben der Schule / der Arbeit genügend Zeit für meine Hobbies und für Treffen mit Kollegen?

....

....

Die Stundenzahl ist nicht entscheidend

In zwei Wochen ist eine große Geschichtsprüfung angesagt. Tina und Monika haben lange nichts mehr für das Fach getan und wissen deshalb, daß die Vorbereitungen einige Zeit in Anspruch nehmen werden. Monika lernt in den nächsten acht Tagen täglich ein Teilgebiet, macht sich Notizen, frischt es am nächsten Tag nochmals auf und lernt dann das nächste. Am neunten und zehnten wiederholt sie alles nochmals im Zusammenhang und sieht dann der Prüfung zuversichtlich entgegen.
Tina verläßt sich auf das Wochenende vor der Prüfung. »Wenn ich zu früh lerne, vergeße ich doch nur alles wieder«, behauptet sie. Sie lernt den ganzen Samstag, stellt aber am Abend voller Schrecken fest, daß sie viele Fragen nicht beantworten kann. Eine Verabredung für den Sonntag sagt sie deshalb ab und brütet weiter über ihren Büchern. Insgesamt hat sie etliche Stunden mehr fürs Lernen aufgewendet als Monika; trotzdem schneidet sie an der Prüfung wesentlich schlechter ab.

Wie äußern sich Zeitprobleme?

Wohin wir auch blicken, wen wir auch anhören: Schenken wir den Klagen der Leute Glauben, hat heutzutage niemand mehr Zeit. Kein anderes Problem scheint hierzulande unter Schülern, Studenten, Berufstätigen und Hausfrauen weiter verbreitet zu sein als der Mangel an Zeit und die Unfähigkeit, seine Termine einzuhalten.

Zeitprobleme von Schülern und Studenten treten in verschiedenen Erscheinungsformen auf:

- Zeiten, in denen außerhalb des Unterrichts sehr wenig gelernt oder gearbeitet wird, wechseln ab mit ausgesprochenen Stoßzeiten. Kurz vor einem (seit langem feststehenden) Prüfungstermin oder beim Näherrükken des Datums für einen zu haltenden Vortrag oder eine Semesterarbeit müssen die Schüler plötzlich alle Abmachungen absagen, auf Sport und Entspannung verzichten, weil sie durch einen Gewalteinsatz das vorher Aufgeschobene nachholen wollen.
- Nach einem solchen »Marathon« schalten sie meist zunächst wieder völlig ab – und geraten leicht erneut in Terminschwierigkeiten. Weil sie dies wissen, haben sie aber auch während der Freizeit und den Entspannungsperioden ständig ein »ungutes Gefühl«.
  Trotz vieler solcher Erfahrungen kommen diese Schüler und Studenten aber nicht etwa zum Schluß, daß eine andere Einteilung sinnvoller wäre, sondern sie verkünden: »Ich kann eben ohne Druck nicht arbeiten!«.
- Mehrere anstehende Arbeiten werden schnell als »Berg« gesehen, das Gefühl, ohnehin nicht alles rechtzeitig erledigen zu können, wirkt sich lähmend auf die Motivation aus. Oft verlieren sie dann zusätzlich viel Zeit, weil sie verschiedene Arbeiten anfangen und vorzeitig wieder abbrechen, weil ihnen plötzlich eine andere noch dringender erscheint.

Welches sind Ihre Zeitprobleme? Die Check-list auf Seite 101 soll Sie dazu anregen, sich mit Ihren Zeitproblemen auseinanderzusetzen.

Auf wieviele Ja-Antworten kommen Sie? Je größer die Zahl der Ja-Antworten, desto größer ist die Übereinstimmung zwischen Ihren Zielen und Bedürfnissen und ihrer Zeiteinteilung:

9–14 Ja-Antworten:	Sie teilen Ihre Zeit sinnvoll ein und benötigen keine weiteren Ratschläge.

Check-list Zeiteinteilung

	Ja	Nein
1. Wichtige Termine kann ich im allgemeinen ohne besondere Anstrengung einhalten		
2. Auch vor wichtigen Prüfungen bleibt mir noch Zeit für Hobbies und Entspannung		
3. Bei größeren längerfristigen Arbeiten setze ich mir selbst Zwischenziele und Zwischenfristen		
4. Ich weiß zu Beginn einer Woche, welche Stunden ich für die Arbeit und welche für die Freizeit verwende		
5. Ich komme auch vor größeren Prüfungen ohne Sonder- und Nachtschichten aus		
6. Bei meiner Planung berücksichtige ich meinen Tagesrhythmus und erledige die anspruchsvollsten Arbeiten während der Stunden der höchsten Leistungsfähigkeit		
7. Mein Planungs- und Notizsystem erlaubt mir jederzeit einen Überblick über die dringendsten Aufgaben		
8. Meine Tageseinteilung ermöglicht mir ein längeres und ungestörtes Arbeiten an anspruchsvollen Aufgaben		
9. Bei längerdauernden Arbeiten schalte ich rechtzeitig Pausen ein		
10. Ich plane regelmäßig kurze Wiederholungsphasen für neuerworbene Lerninhalte ein		
11. Bei meiner Tagesplanung berücksichtige ich meine Ziele und Bedürfnisse		
12. Wenn ich meine Termine plane, setze ich ausreichende Reservezeiten ein		
13. Es gelingt mir im allgemeinen, jene Dinge zu tun, die ich für wichtig halte		
14. In meinem Tagesablauf bleibt mir genügend Zeit zur eigenen Gestaltung		

6–8 Ja-Antworten:	Prüfen Sie, welche Ratschläge Ihnen helfen könnten, Streß und Zeitnot zu vermindern.
0–5 Ja-Antworten:	Eine bewußtere Planung Ihrer Zeit würde Ihre Nerven schonen und Ihnen zu mehr Freizeit verhelfen.

Woher kommen unsere Zeitprobleme?

Obwohl Zeitprobleme so verbreitet sind, stoßen Ratschläge, was man dagegen tun könnte, meist auf Skepsis oder gar Abwehr. »Ich habe ohnehin nur wenig Zeit. Die will ich genießen, ohne sie noch weiter zu verplanen«, ist ein oft vorgebrachtes Argument.

Natürlich haben wir wenig Zeit – und natürlich haben wir ein Recht auf Freizeit und Entspannung. Wir müssen uns nur einmal klar werden, daß wir selbst es sind, die bei einer systematischen Planung den Tagesablauf nach unseren Bedürfnissen bestimmen, während wir bei der scheinbaren Freiheit der Planlosigkeit meist viel mehr von äußeren Zwängen bestimmt werden – und zudem viel Zeit bei Tätigkeiten verlieren, die uns im Grunde gar nicht wichtig sind.

Unsere Zeitprobleme haben verschiedene Ursachen:

Unsere Beziehung zur Zeit ist zwiespältig: Nehmen wir die Klagen der Leute für bare Münze, möchte jeder gerne mehr Zeit haben, um endlich das zu tun, was ihm wichtig ist. Steht aber plötzlich eine unverplante Stunde, ein Tag oder eine ganze Woche zur freien Verfügung, haben die meisten nichts Eiligeres zu tun, als sie wieder mit vielen Zerstreuungen und Verpflichtungen zuzupflastern, »totzuschlagen«.

Der Gedanke, sich völlig freier Zeit gegenüberzusehen, hat für die meisten Leute etwas Erschreckendes. Die Angst vor der Leere und vor der Langeweile treibt deshalb viele dazu, mehr Arbeit, Verabredungen, Aufgaben und Unterhaltungsmöglichkeiten anzunehmen als sie eigentlich wollen und bewältigen können. Gleichzeitig lehnen sie es aus dem Bedürfnis nach Freiheit ab, sich mit ihren eigenen Zielen auseinanderzusetzen und zu prüfen, wie sie bei der Tagesgestaltung berücksichtigt werden könnten.

Wir haben zuwenig Gelegenheit, unsere Tage selbst zu gestalten: Vom Augenblick unserer Geburt an beherrscht unsere Umwelt unsere Zeit und bestimmt zunächst, wann wir zu essen und zu schlafen haben, und später, wann wir welches Fach lernen und wann wir eine Pause einlegen dürfen. Eltern und Lehrer lassen den Schülern oft wenig Gelegenheit, eine eigene Einteilung vorzunehmen: Die Hausaufgaben werden kurzfristig erteilt und müssen sofort nach der Schule erledigt werden. Viele Heranwachsende setzen denn auch Erwachsensein und Unabhängigkeit gleich mit völliger Abkehr von jeglicher Zeiteinteilung: Sie arbeiten hauptsächlich nachts, halten keine Termine mehr ein und kommen grundsätzlich zu spät. Dieses Verhalten stellt aber keine Unabhängigkeit von der Einteilung der anderen dar – nur eine Umkehr. Anzustreben ist eine Tagesgestaltung, die sich an den eigenen Bedürfnissen und Zielen orientiert.

Wir lassen uns die Tage von andern füllen: Das Bildungs-, Sport- und Zerstreuungsangebot ist groß. Viele Jugendliche (und Erwachsene) haben neben der Schule oder der Arbeit täglich ein Zusatzprogramm, das von Sport, Musik- und Hobbykursen über Jugendgruppen, Pfadfinder und kirchlichen Gruppen bis zu Tanzkursen und Kinoprogrammen reicht. Natürlich ist es schön und sinnvoll, neben unserer Arbeit einen Ausgleich zu haben. Wenn wir aber versuchen, alles mitzumachen, was »die andern« tun, wenn wir nicht auch einmal »nein« sagen können, bleibt keine Zeit mehr für uns selbst übrig.

Unser Zeitempfinden ist unzuverlässig: Untersuchungen zeigen, daß unser Zeitempfinden von vielen Faktoren abhängig ist. Wichtig ist vor allem die Art der Tätigkeit, die wir ausführen. Ist sie anspruchsvoll und vielseitig oder monoton, macht sie uns Spaß? Jeder weiß, daß die Zeit umso schneller verfliegt, je abwechslungsreicher und angenehmer wir sie verbringen. Im

Übung

Nehmen Sie ein Kreuzworträtsel, einen Krimi, Ihre Mathematik-Schulaufgaben und eine Stopp-Uhr. Starten Sie die Uhr und legen Sie sie außerhalb Ihres Blickfeldes. Arbeiten Sie dann jeweils so lange an einer der Aufgaben (Lesen, Kreuzworträtsel lösen, Mathematikaufgaben) bis Sie denken, daß 5 Minuten verstrichen sind und kontrollieren Sie dann die Uhr. Beim letzten Versuch tun Sie nach Ingangsetzen der Stoppuhr gar nichts.

Wie gut waren Ihre Schätzungen?

Rückblick verhält es sich dagegen umgekehrt: ein kurzer ereignisreicher Urlaub nimmt viel Platz in unserem Gedächtnis ein, während lange Wochen der Alltagsroutine zusammenschmelzen. Unser subjektives Zeitempfinden täuscht uns deshalb oft. Untersuchungen zeigen beispielsweise, daß Manager bei rückblickenden Befragungen über ihren Tagesablauf die Zeit, die sie für wichtige und entscheidende Aufgaben aufgewendet hatten, weit überschätzten, für Routinearbeiten, Pausen und Zeitverschwendungen dagegen viel weniger Stunden einsetzten als der Wirklichkeit entsprach.

Wer Zeitprobleme hat und ständig unter dem Eindruck steht, für die wichtigen Dinge keine Zeit mehr zu finden, sollte während einiger Tage *Tagesrapporte* führen. Sie geben Aufschluß darüber, wo die Stunden bleiben und wieviel Zeit die verschiedenen Aufgaben tatsächlich beanspruchen.

Zur Führung der Tagesrapporte können die Formulare von S. 50 benutzt werden. Während mindestens einer Woche tragen wir vom Zeitpunkt des Aufstehens bis zum Schlafengehen ein, wie wir die Stunden des Tages verbracht haben. Aufgrund der sieben Tagesprotokolle lassen sich die Gesamtwerte und Tagesdurchschnitte für Schlafen, Essen, Schule, Fahrzeiten, Sport, usw. errechnen und in die Tabelle auf Seite 106 eintragen.

Ist meine Zeiteinteilung sinnvoll? Jeder muß selbst entscheiden, wie er seinen Tag gestaltet. Wenn wir die Tagesrapporte und die Wochenzusammenfassung erstellt haben, können wir überprüfen, ob wir die Zeit so einteilen, wie es unseren eigenen Zielen und Bedürfnissen und den Erkenntnissen der Lern-, Motivations- und Konzentrationsforschung entspricht.

Motivation

Sie haben auf S. 40 Ihre kurz- und langfristigen Ziele angegeben:

	→	Haben Sie Ihre langfristigen und Ihre Zwischenziele in Ihre Tagesplanung einbezogen?
Entspricht die Verteilung der Zeit Ihren Prioritäten?	→	Gibt es Bereiche, die zu kurz kommen?
	→	Welche Tätigkeiten nehmen zuviel Zeit in Anspruch?
Haben Sie besondere Problemfächer angegeben?	→	Zu welchen Zeiten haben Sie sich mit Ihren Problemfächern auseinandergesetzt?

Konzentration

Die Konzentrationsfähigkeit ist nicht zu allen Tagesstunden gleich.	→	Haben Sie die anspruchsvollen Aufgaben zu den Zeiten der höchsten Leistungsfähigkeit angesetzt?
Die Aufnahmefähigkeit ist begrenzt.	→	Haben Sie überlange Lernetappen vermieden?

Lernpsychologie

Die erste Zeit nach dem Lernen ist wichtig.	→	Haben Sie rechtzeitig Ihre Notizen kontrolliert?
Gestaffeltes Lernen ist vorzuziehen.	→	Haben Sie den Lernstoff in Teilbereiche aufgeteilt und öfter einen Teil vorgenommen?

Welche Planungsmöglichkeiten gibt es?

Wollen Sie nach dieser Analyse Ihre Zeit bewußter planen? Es gibt verschiedene Möglichkeiten, dies zu tun. Prüfen Sie, welche Ihnen am besten entspricht.

Zusammenfassung der Tagesrapporte

Tagesrapporte geführt vom ________________ bis ________________

Tätigkeit	Montag	Dienstag	Mittwoch	Donnerstag	Freitag	Samstag	Sonntag
Schlaf							
Essen							
Schule							
Fahrzeit							
Hausaufgaben							
Club/Verein							
Geselligkeit mit Freunden							
Sport/Bewegung							
Hausarbeiten							
andere notw. Tätigkeiten							
Hobby und Entspannung							
Musikinstrument spielen							
Radio, Platten hören							
Fernsehen							
Lesen							
Anderes							
Total							

Wochen-summe	Tagesdurch-schnitt	Bemerkungen, Änderungen

Trennung von Arbeitszeit und Freizeit

Um unsere Kräfte gleichmäßig einsetzen zu können und um sicherzustellen, daß neben der Arbeit die sonstigen Bedürfnisse nicht zu kurz kommen, empfiehlt es sich, die Woche zum voraus (und möglichst gleichbleibend) in Arbeits- und Freizeit einzuteilen. Als Arbeitszeit werden – von den zur eigenen Planung zur Verfügung stehenden Stunden – jene gewählt, die einerseits eine gute geistige Leistungsfähigkeit gewährleisten, andererseits nicht mit unseren sonstigen Bedürfnissen (Hobbies, Fernsehübertragungen, Verabredungen) kollidieren. Beim Umfang der Arbeitszeit gehen wir am besten zuerst von einem Durchschnittswert aus und planen zusätzlich eine großzügige Reserve ein.

Eine solche Planung bringt manche Vorteile:

- Die Arbeitsbelastung ist ausgeglichener. Wir arbeiten auch, wenn keine Termine drängen, und nehmen später fällige Arbeiten bereits in Angriff. Ausgesprochene Stoßzeiten werden dadurch vermieden; Zeit für Sport und Geselligkeit bleibt auch vor Prüfungen übrig.
- Die Freizeit kann nach unseren Bedürfnissen geplant werden, Verabredungen müssen wir nicht von der jeweiligen Arbeitsbelastung abhängig machen.
- Die Lernleistung ist größer, der Zeitaufwand für eine bestimmte Aufgabe somit kleiner, wenn infolge sinnvoller Planung nicht in ermüdetem Zustand und unter Streßbedingungen gelernt werden muß.

Eine klare Trennung von Arbeits- und Freizeit empfiehlt sich auch dann, wenn genügend Zeit für eine Aufgabe zur Verfügung steht, wenn wir also beispielsweise während längerer Ferien noch eine schriftliche Arbeit verfassen müssen: Legen wir nicht von Anfang an fest, an welchen Tagen wir uns der Aufgabe widmen wollen, geschieht es nur allzu leicht, daß wir sie schlechten Gewissens immer weiter vor uns herschieben, trödeln, auch die freien Tage nicht richtig genießen können und dennoch am Schluß unter Zeitdruck geraten.

Ein persönlicher Stundenplan

In Zeiten besonderer Belastung (wenn wir beispielsweise neben der Schule noch einem Nebenverdienst nachgehen, wenn wir in der Familie noch zusätzliche Aufgaben übernehmen müssen, weil vielleicht jemand krank geworden ist, oder wenn wir feststellen, daß wir viel aufholen müssen) kann es sich als hilfreich erweisen, einen eigenen Stundenplan aufzustellen. Statt nur zwischen Arbeits- und Freizeit zu unterscheiden, halten wir genau fest, wann wir uns welcher Tätigkeit widmen. Dies hat – vor allem dann, wenn der Aufgabenberg zu groß zu werden droht – verschiedene Vorteile:

- Wir gewinnen die Sicherheit, daß für alle Arbeiten Zeit bleibt, und können uns ruhig auf die jeweilige Aufgabe konzentrieren.
- Wir können arbeitsphysiologische und lernpsychologische Erkenntnisse bei der Aufstellung des Stundenplanes berücksichtigen und uns so die Chance einer optimalen Lernfähigkeit wahren: Wir planen beispielsweise an den Tagen, an denen umfangreiche Notizen erstellt werden, Zeit für deren Überarbeitung ein. Die Vorbereitung auf größere Prüfungen verteilen wir auf mehrere Tage und planen zwischendurch auch ein gemeinsames Lernen mit Kollegen ein. Die Arbeit für Fächer, die eher schwerfallen, legen wir auf Zeiten, zu denen wir erfahrungsgemäß besonders leistungsfähig sind, und so weiter.
- Auch die Gewißheit, daß weder Nachtschichten eingelegt werden müssen, noch alle Freizeit gestrichen wird, beruhigt und motiviert.

Auch innerhalb der einzelnen Arbeitsetappen ist es nicht gleichgültig, in welcher Reihenfolge wir die verschiedenen Aufgaben in Angriff nehmen. An den Anfang stellen wir am besten eine angenehme, relativ schnell zu erledigende Arbeit. Dies erleichtert uns den Einstieg, die problemlose Erledigung motiviert für die weiteren Aufgaben. Dann folgen die Arbeiten, die große Aufmerksamkeit erfordern; an den Schluß einer Arbeitsperiode setzen wir Arbeiten, die uns besonders liegen und die deshalb auch in etwas ermüdetem Zustand noch ausgeführt werden können.

Die Alpen-Methode

Sie dient der kurzfristigen Planung und verspricht – trotz ihres Namens – die Arbeitsberge abzutragen. Das Wort ALPEN steht für fünf Schritte, nach denen vorgegangen wird (nach L. Seiwert, 1984):

- ***A***ufgaben zusammenstellen (notieren, welche Aufgaben und Arbeiten erledigt werden müssen).
- ***L***änge der Tätigkeiten einschätzen: Wenn zuvor Tagesrapporte geführt wurden, haben wir entsprechende Erfahrungswerte.

- ***P****ufferzeit reservieren, für Störungen und Unvorhergesehenes zusätzliche Zeit einplanen.*
- ***E****ntscheidungen treffen, über die Abfolge der Arbeiten oder, falls mehr Aufgaben vorliegen als erledigt werden können, über die Prioritäten.*
- ***N****otizen machen über die Tagesplanung, unter Berücksichtigung der persönlichen Leistungsfähigkeit.*

Unabhängig davon, welche Methode wir wählen, benötigen wir ein gutes Notizsystem: es soll nicht nur zeigen, welche Arbeiten anstehen und wie dringlich sie sind, sondern auch die Teilschritte für die längerfristigen Aufgaben und Ziele vormerken.

Die *Schlußfolgerungen* aus diesem Kapitel müssen Sie entsprechend Ihrer Situation und Ihrem Aufgabenbereich selbst ziehen:

Bin ich mit meinem bisherigen Vorgehen zufrieden? ja / nein

- Welches Planungssystem könnte mir helfen?

....

....

- Was will ich bei meiner zukünftigen Planung berücksichtigen?

....

....

- Sind meine Fragen beantwortet?

....

....

Informationsbeschaffung

- Welche Informationsquellen gibt es?
- Welche kann ich benützen?
- Wie gewinne ich einen Überblick über die zu einem Bereich vorhandene Literatur?
- Wie sammle und ordne ich Informationen?
- Welches Ordnungssystem entspricht meinen Bedürfnissen?
- Was will ich über Informationsbeschaffung erfahren?

....

....

Wo finde ich die Informationen, die ich benötige?

Von der Informationsflut, die uns umgibt, ist oft die Rede. Gegenwärtig erscheinen weltweit allein in englischer, deutscher und französischer Sprache etwa 230 000 neue Bücher pro Jahr; in rund 100 000 wissenschaftlichen Zeitschriften werden jährlich etwa 3 Millionen Aufsätze gedruckt. Systematische Such- und Dokumentationsstrategien sind deshalb dringend notwendig.

Deutlich wird aus diesen Angaben auch, daß unser Schulwissen veraltet und wir uns auch nach Abschluß der Schule um gezielte Ergänzung und Auffrischung bemühen müssen.

Die erste Gelegenheit, eine systematische Literatursuche zu betreiben, ergibt sich für die meisten Schüler bei der Vorbereitung einer größeren schriftlichen Arbeit oder eines Vortrages (s. nächstes Kapitel). Wir haben ein Thema gewählt und suchen nun nach Informationen. Der logische erste Schritt wird uns dabei in eine *Bibliothek* führen.

Welche Bibliotheken soll ich benutzen?

Angesichts der oben erwähnten Zahlen kann natürlich auch die größte Bibliothek nicht alle Neuerscheinungen oder alle auf dem Markt erhältlichen Bücher führen, sondern muß eine Auswahl treffen. Für den Informationssuchenden bedeutet dies, daß er oft mehrere Bibliotheken benutzen oder die *Fernleihe* (vgl. S. 118) in Anspruch nehmen muß.

Die *Nationalbibliotheken* enthalten die vollständige Sammlung der Literatur eines Landes. In vielen Ländern sind die Verleger verpflichtet, von jedem publizierten Buch eine bestimmte Anzahl Exemplare unentgeltlich an die Nationalbibliothek abzugeben. Die deutsche Nationalbibliothek hat ihren Sitz in Frankfurt am Main, die schweizerische in Bern, die österreichische in Wien.

Weiter lassen sich unterscheiden:

- *Allgemeine öffentliche Bibliotheken:* Stadt-, Landes-, Kantons- und Gemeindebibliotheken. In allgemeinen Bibliotheken sind Sachbücher aus allen Wissensgebieten zu finden, ebenso wie Belletristik, Kinder- und Jugendbücher.
- *Bibliotheken der Bildungseinrichtungen:* Die Bestände dieser Bibliotheken (Schul-, Hochschul- und Universitätsbibliotheken) umfassen die an der betreffenden Einrichtung vertretenen Wissenschaften. Innerhalb der Universitäten gibt es Bibliotheken der einzelnen Institute, Seminare und Fachbereiche.
- *Spezial- oder Fachbibliotheken* pflegen Spezialbereiche oder einzelne Wissenschaften. Beispiele: englische oder russische Bibliothek, Bibliotheken von Firmen, Museen, Forschungsanstalten, Fachorganisationen, Vereinen, Berufsverbänden, Parlaments-, Behörden- und Gerichtsbibliotheken.

Während die Stadt-, Zentral- oder Universitätsbibliotheken über die größte Bestände (von einigen Hunderttausend bis zu mehreren Millionen Bücher und Zeitschriften) verfügen, können die thematisch eingeschränkten Spezialbibliotheken in ihren Schwerpunktbereichen besser ausgestattet sein.

Aufbau, Zugang und Ausleihbedingungen sind bei jeder Bibliothek wieder anders. Bei der ersten Benutzung erkundigen wir uns deshalb am besten am Schalter, lassen uns ein Merkblatt aushändigen oder nehmen an einer Führung teil.

Übung:

Welche Bibliotheken gibt es in Ihrer Umgebung?

....

....

Welche sind für Ihre Suchfragen geeignet?

....

....

Welche Ausleihbedingungen gelten?

Können Bücher selbst gesucht und sofort mitgenommen werden?

....

Müssen Bestellungen abgegeben werden?

....

Wann können die bestellten Bücher abgeholt werden?

....

Wieviele Bücher können gleichzeitig ausgeliehen werden?

....

Wie lange können sie ausgeliehen werden?

....

Öffnungszeiten der Bibliothek: ....

des Lesesaals: ....

des Ausleihschalters: ....

Wie finde ich die Bücher?

Die Zeit, die für die Suche nach Literatur in Bibliotheken aufgewendet werden muß, wird oft unterschätzt – ein Grund dafür, daß viele Schüler und Studenten schon im Anfangsstadium ihrer Arbeit in Verzug geraten. Mit Übung und systematischem Vorgehen läßt sich dieser Aufwand verkleinern.

Kleine Bibliotheken haben häufig eine *Standortsystematik:* Alle Bücher, die zum gleichen Fachbereich gehören (z.B. Technik oder Psychologie), stehen – in der Regel innerhalb des Gebietes alphabetisch nach Verfasser geordnet – beisammen. Die Regale werden entsprechend beschriftet, der Interessent kann die Bücher selbst entnehmen und sieht sehr schnell, welche und wieviele Bücher über sein Gebiet vorhanden sind.

Der Nachteil dieses Systems liegt vor allem darin, daß sich viele Bücher nicht einem bestimmten Fachbereich zuordnen lassen, sondern Aspekte aus zwei oder mehreren Gebieten behandeln. Bei der Klassifikation muß dann eine Entscheidung für ein Gebiet getroffen werden, der Benutzer, der sich für das andere Gebiet interessiert, sucht das Buch vergeblich.

In den meisten Bibliotheken erfolgt der Zugang aber über *Kataloge.* Konventionelle Kataloge bestehen aus – je nach Umfang des Bücherbestandes – einigen Dutzend bis mehreren hundert Schubladen voller Karteikärtchen. Jedes Kärtchen enthält die Angaben zu einem Buch: Autorennamen, Buchtitel, Erscheinungsort und -datum sowie Katalognummer.

Moderne Kataloge können auch aus Mikrofiches-Ständern oder aus einem Computerbildschirm bestehen. *Mikrofiches* sind Filme, auf denen – aus Gründen der Platzersparnis – die Informationen aus normalen Karteikarten mikroskopisch verkleinert sind. Auf einer einzigen Mikrofiche-Karte finden die Angaben von tausenden herkömmlicher Karteikarten Platz. Benützt werden sie mit entsprechenden Lesegeräten.

Immer mehr große Bibliotheken gehen zur *EDV-gestützten* Büchersuche über: Der Suchwunsch wird in den Computer eingetippt, die bibliographischen Angaben werden vom Bildschirm abgelesen. Die Suche mit dem Computer ist nicht nur schneller, sondern auch flexibler: Wir können verschiedene Begriffe kombinieren, der Computer zeigt uns nicht nur, was er gefunden hat, sondern auch, unter welchen Begriffen wir noch suchen sollen.

Die Suchprinzipien wie auch die erteilten Auskünfte sind aber bei den konventionellen und bei den modernen Katalogen gleich.

Der *alphabetische Hauptkatalog* (Verfasser- und Anonymenkatalog) ist in praktisch allen Bibliotheken vorhanden und – abgesehen von Einzelheiten wie die Behandlung von Doppelnamen oder Umlauten – gleich aufgebaut. Er ordnet alle selbständigen Schriften (also keine Zeitschriftenaufsätze) nach dem *Alphabet der Verfassernamen.* Wenn wir somit ein bestimmtes Buch suchen, dessen Verfasser und Titel wir kennen, können wir im alphabetischen Katalog prüfen, ob es in der betreffenden Bibliothek vorhanden ist.

Wichtig zu wissen ist, daß auch Bücher mit vielen Verfassern, Sammelwerke, Handbücher und Werke, deren Autor unbekannt ist, im alphabetischen Katalog aufgeführt sind. Sie werden nach dem Hauptstichwort des Titels eingereiht.

In den *Schlagwortkatalogen* sind die Bücher entsprechend ihrem Inhalt unter meist mehreren Schlagwörtern aufgeführt, wobei die Schlagwortkarten alphabetisch geordnet sind. Die meisten Bibliotheken haben ein eigenes Schlagwortsystem von Ober-, Haupt- und Unterschlagwörtern entwickelt, das den Schwerpunkten des eigenen Bücherbestandes entspricht. Wichtig ist deshalb, daß wir unter verschiedenen Schlagwörtern nachschlagen und uns schon vorher Synonyme, übergeordnete Begriffe und Spezialgebiete des interessierenden Themas überlegen, die als Schlagwörter in Frage kommen könnten. So finden wir vielleicht Literatur über Picasso nicht nur unter dem Schlagwort »Picasso, Pablo (1881–1973)« sondern auch unter »Kubismus« oder »Malerei 20. Jahrhundert«.

Der *Zeitschriftenkatalog* gibt Auskunft über die in der Bibliothek geführten Fachzeitschriften. Meist liegen die Hefte des laufenden Jahres im Lesesaal (oder im speziellen Zeitschriften-Lesesaal) auf und können von den Benutzern selbst den Regalen entnommen und gelesen, aber nicht ausgeliehen werden; ältere Zeitschriftenjahrgänge sind gebunden und werden wie Bücher gesucht und ausgeliehen.

Bibliographien: Ein wichtiges Hilfsmittel der gezielten Materialsuche sind Bibliographien. Es handelt sich dabei um Verzeichnisse der innerhalb eines bestimmten Zeitraumes erschienenen Bücher und Artikel eines Fachgebietes. Wie in den Bibliothekskatalogen werden die Publikationen alphabetisch nach Verfassernamen sowie nach Schlagwörtern aufgeführt. Bibliographien zu verschiedenen Fachgebieten liegen in den Bibliotheken auf, geben aber natürlich auch Hinweise auf Veröffentlichungen, die in der betreffenden Bücherei nicht vorhanden sind. Da es viele verschiedene Bibliographien gibt und die erfaßten Literaturbereiche sich teilweise überschneiden, empfiehlt sich bei der gezielten Suche die Durchsicht mehrerer Bibliographien.

CIP (Cataloguing in Publication): Diese Bibliographie ist die aktuellste. Sie weist die Neuerscheinungen auf dem Büchermarkt noch vor ihrer Publikation nach. Die Angaben, die dem auf der Rückseite des Innentitels jedes Buches abgedruckten Kasten entsprechen, werden von den Verlagen mehrere Wochen vor dem geplanten Erscheinungstermin mitgeteilt. Ein wöchentliches Verzeichnis der Katalog-Neuaufnahmen geht an Buchhändler und Bibliotheken.

Suchbeispiel:

Christian bereitet für seinen Kurs über Lern- und Arbeitstechniken einen Vortrag über den »Einfluß von Pausen auf die Leistungsfähigkeit« vor und sucht deshalb in der großen Stadtbibliothek nach Literatur. Zuerst prüft er im Schlagwortverzeichnis das Schlagwort »Pause«; außer einem Hinweis auf »Pause, Walter, geb. 1907« ist da aber nichts zu finden. Zu »Arbeitszeit« ist zwar ein dicker Stapel Kärtchen vorhanden, doch befassen sich die Bücher hauptsächlich mit den gewerkschaftlichen Forderungen nach Arbeitszeitverkürzung und mit flexibler Arbeitszeit. Unter »Arbeitsphysiologie« findet Christian, nach Erscheinungsdatum geordnet, Dutzende von Büchern ab 1877 bis 1986, unter »Arbeitspsychologie« ebensoviele, beginnend mit »Das Nichtstun« von Leo Tolstoi bis zu einem 1987 erschienenen Lehrbuch. Er entscheidet sich für ein Handbuch über Arbeitsphysiologie, das Lehrbuch über Arbeitspsychologie sowie – um einen möglichen Einstieg für seinen Vortrag zu prüfen – für das Buch von Tolstoi.

Referatezeitschriften: Referate (Abstracts) sind Zusammenfassungen von Zeitschriftenartikeln. Angesichts der riesigen Menge von Fachzeitschriften ist es unmöglich, auch nur jene des eigenen Interessengebietes laufend auf wichtige Artikel durchzusehen. Die Abstracts sollen dem Leser die Entscheidung ermöglichen, ob er den Artikel lesen will. Sie enthalten deshalb alle wichtigen Angaben über die Originalarbeit. Jedes größere Fachgebiet hat eigene Referatezeitschritften.

Hilfe durch Datenbanken? Wenn wir einen möglichst vollständigen Überblick über die Literatur zu einem bestimmten Bereich benötigen, können

Datenbanken gute Dienste leisten. In Literaturdatenbanken werden die bibliographischen Informationen, oft auch mit Abstracts, der weltweit erschienen Fachartikel zu einem bestimmten Bereich gespeichert. Über Datenfernübertragungsnetze ist von angeschlossenen Computern der Zugriff auf diese Informationen möglich: An einem Terminal werden die Suchbegriffe eingegeben, meist über mehrere Schritte genauer abgegrenzt und die gewünschten Listen ausgedruckt (vgl. auch R. Schräder-Naef, 1987b).

Suchaufträge an *Informations- und Dokumentationsstellen* werden zunehmend über EDV bearbeitet. Auch in manchen großen Bibliotheken oder bei speziellen Informationsvermittlern (Information Broker) ist eine Datenbankabfrage möglich.

Eigene Bücher: Nachschlagewerke, Fachbücher, die wir immer wieder brauchen, schaffen wir uns am besten an (vielleicht tragen auch Verwandte oder Freunde auf der Suche nach einem Geburtstagsgeschenk zur Erweiterung unseres eigenen Bücherbestandes bei). Die Entscheidung, welche Bücher gekauft (oder gewünscht) werden sollen, ist natürlich angesichts der großen Zahl vorhandener und ständig neu erscheinender Publikationen nicht leicht. Wenn wir nicht gezielte Hinweise von Fachleuten (Lehrer, Rezensenten) erhalten, empfiehlt es sich, nur solche Bücher zu kaufen, die wir selbst geprüft haben.

Übung

Auf welche Hinweise und Angaben achten Sie, welche Fragen stellen Sie sich bei der kritischen Prüfung eines Buches?

....

....

....

....

Vergleichen Sie Ihre Antwort mit den Hinweisen auf S. 65

Buchhandlungen haben nur einen Teil der lieferbaren Bücher vorrätig. Wenn wir die erwähnte Prüfung nicht bereits in einer Bibliothek vorgenommen haben, werden wir die Bücher zunächst zur Ansicht bestellen.

Der wichtigste von den Buchhandlungen benutzte Katalog ist das *VLB (Verzeichnis lieferbarer Bücher)*. Es wird jährlich von der Buchhändlervereinigung herausgegeben und weist die lieferbaren Titel der Bundesrepublik, Österreichs und der Schweiz nach, aufgelistet nach Autorennamen, mit zusätzlichen Titel-, Stichwort- und ISBN-Register. Die aus 10 Zahlen bestehende ISBN (International Standard Book Number) gestattet die Identifizierung jedes einzelnen Buches.

Welche Suchstrategie ist zu empfehlen?

Viele Schüler und Studenten arbeiten bei der Literatursuche nach dem *Schneeballsystem:* Sie beginnen mit einem Buch zum Thema, das sie mehr oder weniger zufällig zur Hand haben, und notieren sich außer den wichtigsten Informationen auch die *Literaturverweise;* in den nächsten Bibliotheken prüfen sie, welche Bücher vorhanden sind, bearbeiten diese und achten wiederum auf die Hinweise auf wichtige andere Veröffentlichungen.

Dieses System führt zweifellos dazu, daß man schnell zu den »klassischen« Büchern des entsprechenden Fachgebietes gelangt, auf die sich alle späteren Autoren immer wieder beziehen. Es hat allerdings den Nachteil, daß Neuerscheinungen und damit auch die neuesten Entwicklungen des betreffenden Gebietes möglicherweise unberücksichtigt bleiben (wie schwer dieser Nachteil wiegt, hängt natürlich vom gewählten Thema ab).

Die *systematische Suche* setzt an möglichst vielen Stellen an:

- Im *alphabetischen* Katalog der Bibliothek werden jene Veröffentlichungen gesucht, die durch Literaturhinweise aus Büchern, aus Bibliographien sowie von Lehrern, Professoren oder anderen Fachleuten namentlich bekannt sind. Sind sie in der betreffenden Bibliothek vorhanden, werden sie ausgeliehen oder vorgemerkt, wenn nicht, können sie über die *Fernleihe* von anderen Bibliotheken beschafft werden.
- Im *Schlagwortkatalog* suchen wir unter verschiedenen Begriffen weitere Literatur zum Thema.
- In *Bibliographien* des Fachgebietes wird ebenfalls wieder bei möglichst vielen Schlagwörtern nachgeschlagen, ob interessante Artikel und Bücher zum Thema im betreffenden Zeitraum erschienen sind. Die Titel

und genaueren Angaben der näher zu prüfenden Publikationen werden notiert und später im alphabetischen Katalog der Bibliotheken gesucht (siehe oben). In gleicher Weise verfährt man mit den Hinweisen aus Referatezeitschriften.

- Die neuesten Hefte der *Fachzeitschriften* sowie der *CIP* (siehe S. 116) werden schließlich noch auf wichtige Ergänzungen und neuere Entwicklungen durchgesehen.
- Benötigen wir eine möglichst vollständige Übersicht über die Literatur zu einem Bereich, wenden wir uns an eine Informations- und Dokumentationsstelle oder geben den Auftrag für eine Datenbankrecherche.

Wenn wir auf diese Weise viele Bücher und Artikel zusammengetragen haben, ist es natürlich wichtig, daß wir unser *Leseziel* nicht aus den Augen verlieren.

Arbeit in mehreren Durchgängen

Nicht alle Bücher und Artikel, die wir in der eben beschriebenen Weise für eine Literaturarbeit zusammentragen, sind für uns gleichermaßen ergiebig: Bei den einen interessiert uns nur ein Kapitel, bei anderen der Aufbau, bei den dritten entdecken wir bald, daß sie wenig Neues bieten. Am besten arbeiten wir deshalb in mehreren »Kreisen«:

- Bei der ersten Prüfung klären wir, welche Bücher wir überhaupt in Angriff nehmen wollen.
- Die zweite, gründlichere Durchsicht macht uns mit dem Thema, den Problemen und den Autoren vertraut. Am besten arbeiten wir dabei mit Lesezeichen, auf denen wir vermerken, mit welchen Abschnitten wir uns aus welchen Gründen noch näher befassen wollen. Bei Artikeln und Fotokopien können wir diese Markierungen auch im Text anbringen.
- Zur dritten, intensiven Bearbeitung werden nur noch jene Texte oder Abschnitte/Kapitel erneut herangezogen, die nach diesen kritischen Vorarbeiten weitere Erkenntnisse und detailliertere Informationen versprechen.

Wie halten wir die Informationen fest?

Bei dieser dritten Bearbeitung machen wir uns *Notizen.* Werden ganze Kapitel systematisch durchgearbeitet, empfiehlt sich das auf S. 82 geschilderte System der Dreiteilung des Blattes. Wollen wir Zusammenhänge zwischen Informationen sichtbar machen, die wir in verschiedenen Büchern gefunden haben, helfen Tabellen oder Skizzen (vgl. S. 73).

Häufig aber tragen wir aus verschiedenen Büchern Angaben, Definitionen und Ergebnisse zu verschiedenen Teilaspekten unseres Themas zusammen, die nachher in eine neue Abfolge gebracht werden müssen. Den besten Überblick und den schnellsten Zugriff verschaffen uns in diesem Fall *Karteikarten.* Sie können beliebig, unseren eigenen Zielen und Fragestellungen entsprechend angefertigt und geordnet werden.

Bewährt hat sich bei der Literaturarbeit die Verwendung von zwei Kartenarten: Bücherkarten und Schlagwortkarten.

Für jedes Buch, das wir bei der Materialsuche zur Durcharbeit auswählen, wird eine *Bücherkarte* ausgefüllt (Kleinformat, DIN A 7 genügt, ebenso ein Zettel aus starkem Papier). Sie enthält alle Angaben, die wir für das Literaturverzeichnis gebrauchen, sowie einen Hinweis auf den Standort (Bibliothek, von der wir das Buch ausgeliehen haben, s. Abbildung). Um auch später noch zu wissen, was wir in dem Buch gefunden oder vergeblich gesucht haben, empfiehlt es sich, auf der Rückseite der Karte einige Anmerkungen anzubringen.

Wer einen PC zur Verfügung hat, kann von den Vorteilen des Computers (Flexibilität, Schnelligkeit, Kombinationsmöglichkeiten) profitieren: Ein Literaturverarbeitungsprogramm erspart uns die Unterteilung in Bücher und Schlagwortkarten und ermöglicht eine schnellere Suche. Die Angaben müssen nur einmal eingegeben und können nach Belieben (beispielsweise für Literaturlisten, nach Schlagworten oder Zusammenfassungen) abgerufen werden. Wir können die Bücher oder Zeitschriftenartikel bereits eintippen, wenn wir erstmals darauf stoßen und uns vornehmen, danach zu suchen. Mit der ausgedruckten Liste gehen wir auf gezielte Suche in der Bibliothek. Stellen wir dann fest, welche Bücher für uns nicht ergiebig sind, hilft ein Verweis, daß wir sie nicht nach einem Jahr erneut prüfen müssen. Auch ein Vermerk, daß das Buch vielleicht für die aktuelle Arbeit nicht relevant ist, wohl aber für andere Fragestellungen, erfordert nicht viel Zeit, erleichtert uns aber die spätere Suche.

Bücherkarten

Beispiele: Vorderseite

1 **Sterner, Siegfried**	1 **Postman, Neil**
2 **»Die Informationsflut bewältigen; ein ECON-Ratgeber für die sinnvolle Auswertung von Zeitungen, Zeitschriften und anderen Publikationen«**	2 **»Wir amüsieren uns zu Tode; Urteilsbildung im Zeitalter der Unterhaltungsindustrie«**
	3 **Aus dem Amerikanischen von Reinhard Kaiser**
4 **Econ Verlag, Düsseldorf und Wien, 1979**	4 **S. Fischer Verlag, Frankfurt a.M., 1985**
5 **Gemeindebibl., Ga St34**	5 **Stadtbibl., XX Po5**

Beispiele Rückseite

6 **Beispiele vor allem aus dem Bereich der Wirtschaft**	6 **Beklagt vor allem Verfall der menschlichen Urteilskraft durch oberflächliche Zerstreuungen**

1 = Name und Vorname des Autors
2 = Titel und Untertitel des Buches
3 = Weitere Angaben
4 = Erscheinungsort und Datum
5 = Fundstelle und Signatur
6 = Eigene Anmerkungen

Bei den *Schlagwortkarten* gehen wir von unserer Fragestellung einerseits, von den Buchinformationen andererseits aus:

Beispiele von Schlagwortkarten

	Karte A		Karte B
1	**Informationsquellen – Zeitungen**	1	**Information – Fernsehen**
2	**S. Sterner, 1979**	2	**N. Postman, 1985**
3	**Bei den großen Tageszeitungen geht von den Korrespondenten und Agenturen täglich ein Nachrichtenstrom von 250.000 Wörtern ein – vielleicht 25.000 werden gebraucht, um ein Blatt zu füllen. Aufgabe der Redaktionen ist die Auswahl, was unter dem Aspekt der politischen, wirtschaftlichen und gesellschaftlichen Wirkungen am wichtigsten erscheint, wobei jede Auswahl willkürlich ist. Filter, Verarbeitung von Informationen zu druckreifen Nachrichten. Jede Auswahl aber subjektiv, Leser muß mehrere Zeitungen vergleichen können.**	4	**»Im Fernsehzeitalter besteht die politische Urteilsbildung nicht mehr aus der intellektuellen Überprüfung bestimmter Sätze und Argumente, sondern aus der intuitiven, emotionalen Reaktion auf die Totalität eines Bildes. Im Fernsehzeitalter geht es nicht so sehr darum, ob die Leute mit den Ansichten der Politiker übereinstimmen oder anderer Meinung sind, sondern darum, ob ihnen die Politiker sympathisch sind oder nicht.« (S. 118)**

1 = Hauptkapitel und Schlagwort
2 = Verweis auf Bücherkarte
3 = Knappe Zusammenfassung der wichtigsten Informationen
4 = Wörtliches Zitat mit Seitenangabe

Am besten gliedern wir unser Thema schon vorher in einige Hauptkapitel, die wir mit A, B, C oder 1., 2., 3. bezeichnen. Jede Karte, die wir beschriften, erhält sofort die entsprechende Kennziffer. Auf diese Weise ist ein erster grober Überblick jederzeit möglich. Gleichzeitig verhindert eine solche Gliederung, daß wir die Karte mit Informationen zu verschiedenen Aspekten beschriften, nur weil wir diese zufällig im gleichen Buch gefunden haben: Um die Karten nachher flexibel verwenden und entsprechend unseren Zielsetzungen in eine sinnvolle Abfolge bringen zu können, ist es wichtig, daß auf jeder Karte nur Auszüge aus einem Buch und zu einem Thema notiert sind.

Neben dem gewählten Schlagwort und der Kennziffer vermerken wir noch den Autor und das Erscheinungsjahr des Buches als Verweis auf die Bücherkarte, auf der ja alle weiteren bibliographischen Angaben gespeichert sind.

Die Notizen auf den Karteikarten sollten möglichst knapp sein, aber natürlich alle wichtigen Informationen enthalten, die wir für die Arbeit brauchen, damit wir später das Buch selbst nicht mehr benötigen. Finden wir bestimmte besonders gelungene Formulierungen oder Definitionen, die wir später möglicherweise zitieren wollen, müssen wir diese natürlich auch wörtlich notieren und mit der Seitenzahl des Buches versehen.

Die Karten werden – der Übersichtlichkeit wegen – nur auf einer Seite beschriftet; reicht eine Karte nicht aus, vermerken wir auf allen folgenden Karten neben dem Schlagwort »(Forts.)« und bringen eine laufende Numerierung an.

Welches Ordnungssystem dient mir?

Wenn wir uns nur vorübergehend mit einem Thema befassen (beispielsweise für eine Semesterarbeit oder für einen Vortrag), genügt die Verwendung der Karten allein meist durchaus, um die Informationen zusammenzutragen und übersichtlich zu ordnen. Heftklammern halten dann zusammen, was zusammengehört.

Sammeln wir aber für unser Fachgebiet oder Hobby Informationen zu verschiedenen Zeiten und aus verschiedenen Quellen, empfiehlt es sich, einen *Karteikasten* anzulegen. Dieser kann entweder aus Karton selbst angefertigt oder – aus Plastik oder Holz – gekauft werden. Zur Gliederung dienen Leitkarten oder Reiter, die – im Falle der Bücherkarten – die Buchstaben des Alphabets und – bei Schlagwortkarten – entweder die Bezeichnung der Hauptkapitel oder lediglich die entsprechenden Zahlen oder Buchstaben tragen.

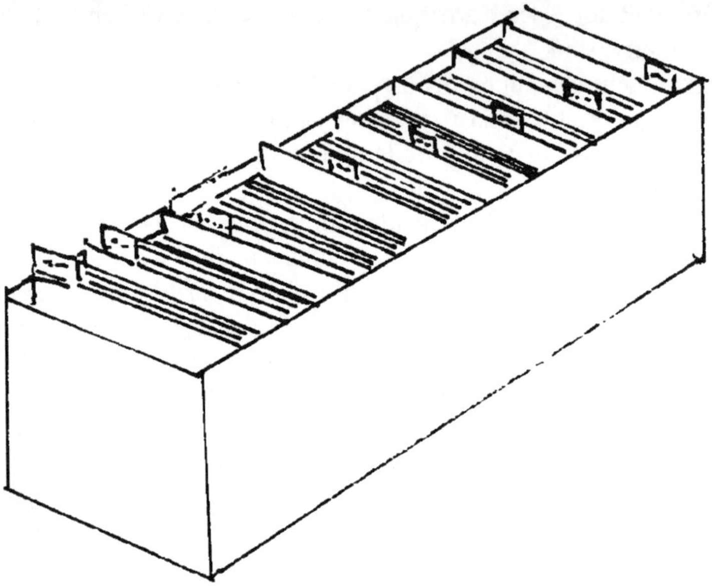

Karteien weisen wichtige *Vorteile auf:*

- Sie ermöglichen es, neue Informationen jederzeit mühelos und flexibel am richtigen Ort einzufügen.
- Ein Überblick über die gesammelten Informationen ist jederzeit gewährleistet, ein rascher Zugriff sichergestellt.
- Die Karten im A6-Format sind leicht und handlich und finden in jeder Jacken- oder Handtasche Platz. Wir können deshalb auch problemlos einen kleinen Vorrat an leeren Karten an einen Vortrag oder in die Bibliothek mitnehmen und wichtige Informationen an Ort und Stelle notieren – mit Quellenangabe und einem Schlagwort. Zu Hause werden die beschrifteten Karten in die Kartei eingeordnet.

Natürlich ist der Gebrauch von Karteikarten auch nicht auf Informationen beschränkt, die wir in Büchern, Zeitschriften oder Vorträgen gewinnen. Es kann sich auch lohnen, eigene Gedanken auf diese Weise zu notieren, wenn wir Vorüberlegungen zu einer größeren Arbeit anstellen oder wenn wir auf Fragen stoßen, mit denen wir uns erst zu einem späteren Zeitpunkt befassen können.

Andere Hilfsmittel: Karteikarten nehmen alle Informationen auf, die wir selbst notieren. Oft ist es aber einfacher, einen Zeitungsartikel schnell aus-

Check-list

Prüfen Sie, ob Ihr Ordnungssystem folgenden Bedingungen entspricht

	Ja	Nein
Mein Ordnungssystem ist auf meine Bedürfnisse zugeschnitten: → Ich weiß, wo ich Notizen, Vervielfältigungen, Zeitungsausschnitte usw. einordnen und später suchen muß		
Mein Ordnungssystem ist übersichtlich: → Die Beschriftung ermöglicht mir, Unterlagen auch dann schnell zu finden, wenn ich beim Suchen von einer anderen Frage ausgehe als beim Einordnen		
Mein Ordnungssystem ist flexibel: → Informationen und Unterlagen, die zu verschiedenen Zeiten und zu verschiedenen Bereichen anfallen, können nach Inhalten geordnet werden		
Mein Ordnungssystem ist leicht zu handhaben: → Neu hinzugekommene Unterlagen können schnell eingeordnet werden		
Alle Unterlagen sind vollständig beschriftet: → Bei allen Unterlagen ist angegeben, aus welcher Quelle sie stammen. Zwischen Informationen aus anderen Quellen und eigenen Überlegungen ist klar unterschieden		
Auswertung: Sind Sie mit Ihrem bisherigen Ordnungssystem zufrieden?		

Wenn Nein: Was wollen Sie ändern?

....

zuschneiden oder von einer Tabelle eine Fotokopie zu machen, als sich das Ganze durchzulesen und die wichtigsten Punkte zu notieren – sei es, weil der Text sehr umfangreich oder sehr kompliziert ist, sei es, daß uns einfach die Zeit zum Lesen fehlt. Zu diesen Zeitungsausschnitten, Tabellen, Fotokopien kommen andere Unterlagen, die wir übersichtlich aufbewahren wollen.

Hängeregistraturen können hier gute Dienste leisten: Broschüren, Vervielfältigungen, Zeitungsausschnitte, Notizen, alles, was wir sammeln und worauf wir später wieder gezielt zurückgreifen wollen, ordnen wir einem Schlagwort zu und legen es in das entsprechende Mäppchen.

Wichtig ist auch hier für die spätere Verwendung, daß deutlich wird, aus welcher Quelle die Information stammt. Geht dies nicht aus dem Dokument selbst hervor, muß es entsprechend beschriftet werden (bei Zeitungsausschnitten z.B. Name der Zeitung und Erscheinungsdatum).

Eine andere Ordnungsmöglichkeit stellen gut *beschriftete Schachteln* dar.

Wir erleichtern uns die Suche, wenn wir für die Schachteln und Mäppchen im allgemeinen die gleichen Schlagwörter bzw. das gleiche Ordnungsprinzip wählen wie für unsere Literaturkartei – laufend ergänzt durch die sich aus unserer Arbeit ergebenden Gebiete. Innerhalb der Hängemappen und Schachteln erfolgt die Unterteilung durch Klarsichtmäppchen und große Briefumschläge.

Größere Arbeiten: Semester- und Quartalsarbeiten

- Welches Thema soll ich wählen?
- Wie gliedere ich meine Arbeit?
- Wie gestalte ich eine größere Arbeit übersichtlich und anschaulich?
- Gibt es ein Rezept gegen Lampenfieber?
- Wie kann ich meine Vorträge lebendiger gestalten?

....

....

In der Sekundarstufe II, in der Oberstufe vieler Gymnasien und natürlich an den Hochschulen wird von den Lernenden das selbständige Erstellen einer Semesterarbeit erwartet. Da diese Aufgabe recht zeitintensiv ist, lohnt es sich, von Anfang an systematisch vorzugehen.

Manche Vorgehensweisen, die dabei zu empfehlen sind, wurden bereits in anderen Kapiteln beschrieben: Beschaffung von Informationen in Büchern und Bibliotheken, gezieltes und kritisches Lesen, Erstellen von Karteikarten und übersichtlichen Notizen, sinnvolle Zeitplanung. Sie sollen hier noch um einige Ratschläge erweitert werden.

Wie finde ich ein Thema?

Semesterarbeiten können verschiedene Formen aufweisen. Oft handelt es sich um reine *Literaturarbeiten*, indem aus Fachbüchern die Informationen zu einer bestimmten Frage zusammengetragen und übersichtlich dargestellt werden. In anderen Fällen werden *eigene Untersuchungen,* Experimente oder Befragungen durchgeführt, und es wird über die Ergebnisse und Schlußfolgerungen berichtet.

Vielen Schülern fällt es schwer, ein Thema zu finden. Sie sind gewohnt, Aufgaben gestellt zu erhalten, nicht aber, sich selbst ein Ziel zu setzen.

Jörg hat sich eine aktive Lernhaltung angewöhnt. Er liest Bücher kritisch durch, setzt sich mit dem Wissensstoff auseinander, sucht nach Antworten, prüft die Zusammenhänge. Beim Lesen, im Unterricht oder bei Diskussionen stößt er immer wieder auf Widersprüche und Ungereimtheiten. Dann denkt er: »Das müßte doch einmal genauer untersucht werden!« »Dieser Frage möchte ich einmal nachgehen!« »Wie verhält es sich denn nun wirklich?« Solche Gedanken nimmt er nicht nur bewußt auf, er hat sich auch eine Seite in seinem Notizbuch reserviert, auf der er sie einträgt und laufend ergänzt. Wenn er eine Arbeit schreiben muß, prüft er erst einmal diese Seite.

Folgende *Fehler* sollten bei der Themenwahl vermieden werden:

- Viele Schüler und Studenten stecken sich *zu ehrgeizige* Ziele für ihre Arbeiten oder nehmen sich ein *sehr weites* Feld zur Bearbeitung vor. Wer davon träumt, mit seiner Arbeit die Welt zu verändern oder erstaunten Wissenschaftlern die langgesuchte Lösung eines Grundproblems zu präsentieren, muß einsehen, daß solche genialen Würfe weit seltener sind als der Hauptgewinn in der Lotterie: Neue Erkenntnisse werden in der Regel von Forscherteams nach vielen Jahren zähen Bemühens gewonnen.
- Auch wenn das Thema *zu eng* gewählt ist, ergeben sich Schwierigkeiten, indem beispielsweise einfach nicht genug Material in der Literatur gefunden wird.
- Manche Schüler lassen sich verleiten, ein Thema zu übernehmen, zu dem sie zwar *keine Beziehung* haben, das ihnen aber einfach und schnell zu bearbeiten erscheint. Aber auch in ein solches Thema muß viel Zeit und Mühe gesteckt werden – was ihnen angesichts des Einflusses der Motivation auf die Leistung wesentlich schwerer fällt als wenn sie selbst an den Ergebnissen interessiert sind.

Gewinnbringend kann es sein, nach einem Thema zu suchen, das eine Querbeziehung zwischen zwei Schulfächern oder zwischen einem schulischen Wissensstoff und einem Hobby herstellt. Auf diese Weise wirken wir der durch die Aufteilung in Fächern entstehenden »Schubladisierung« des Wissens entgegen oder machen unsere Vorkenntnisse für die Arbeit nutzbar.

Zoologe, Fotograf oder Maler?

»Was für eine Frage!« werden Sie denken. »Was haben die drei Berufe miteinander und vor allem mit unserem Thema zu tun?«

Stellen Sie sich die Darstellung eines Zoologen, eines Fotografen und eines Malers zum Thema »Pferd« vor. Der Zoologe wird überlegen, welche Merkmale typisch sind, er wird auf wissenschaftlicher Grundlage ein Bild anfertigen, das von allem Individuellen abstrahiert. Die Information ist sachlich, nüchtern, hieb- und stichfest.

Auch eine Fotographie ist ein Spiegel der Wirklichkeit. Aber der Fotograf hat *ein* Pferd ausgesucht und zeigt es in einer bestimmten Stellung und Situation. Er hat eine persönliche Entscheidung getroffen, welches Foto seiner Ansicht nach den Begriff Pferd am besten charakterisiert. Die Betrachter brauchen seine Meinung nicht zu teilen.

Kennen Sie ein Pferdebild von Picasso oder Marc? Die Maler erheben weder Anspruch auf Wissenschaftlichkeit noch auf Wirklichkeitstreue. Es geht ihnen um Mitteilung ihrer eigenen Sicht.

Auch beim Schreiben oder Vortragen haben Sie verschiedene Arten der Darstellung: Sie können Ihr Gebiet möglichst objektiv beschreiben, alle wichtigen Fakten zusammentragen und neutral präsentieren; Sie können einen einzelnen Aspekt herausgreifen und möglichst umfassend darstellen; oder Ihre ganz persönliche Ansicht zur Diskussion stellen:

Nina, Alex und Ursula haben alle das Thema »Asylanten« gewählt. Nina beschafft sich Statistiken über Zahl und Herkunft der Asylanten in den letzten 5 Jahren, Unterlagen zu der wirtschaftlichen und politischen Situation in den Herkunftsländer, über die Gesetzgebung und die Zahl der positiven Entscheide. Alex besucht verschiedene Asylantenfamilien und beschreibt ihre Schicksale. Ursula diskutiert das Problem in der Schule, in der Familie und im Bekanntenkreis und stellt die verschiedenen Meinungen dar.

Dies sind drei verschiedene Zugänge – natürlich gibt es noch zahlreiche Abstufungen.

Jeder Zugang ist vollkommen legitim – solange wir uns selbst und unseren Lesern Rechenschaft über den gewählten Weg geben und nicht unter falscher Flagge segeln: Es kann sehr wertvoll sein, einzelne Aspekte herauszugreifen – nur dürfen wir dann keinen Anspruch auf Vollständigkeit und Objektivität erheben. Unsere persönliche Ansicht stellt einen Beitrag zur Meinungsbildung dar – doch müssen wir uns auch auf Widerspruch gefaßt machen und andere Meinungen ebenfalls respektieren.

Wissen, was wir suchen

Nachdem wir das Thema und die Art der Behandlung festgelegt haben, kommt die Überlegung, welche Informationen wir brauchen. Die umfangreichste Materialsammlung benötigen wir für Literatur- und wissenschaftliche Arbeiten. Aber auch wenn wir unsere eigenen Ansichten vorzulegen beabsichtigen, benötigen wir einige Grundinformationen.

Wir grenzen das Thema nochmals genau ab, formulieren die Fragestellungen und Ziele der Arbeit, halten fest, welche Informationen wir aus der Literatur gewinnen wollen (sonst endet die Materialsuche leicht in einer unübersehbaren Flut von Informationen, die erst wieder neu gesichtet werden müssen und von denen schließlich nur ein kleiner Teil wirklich für die Arbeit gebraucht wird), und erstellen eine erste grobe Gliederung. Spätestens zu diesem Zeitpunkt sollten wir auch unseren *Zeitplan* aufstellen, der großzügig berechnet sein und ausreichende Reservezeiten enthalten muß (s. S. 137).

Welches Vorgehen bei den nun folgenden Arbeiten (Materialsuche in Bibliotheken, Sichten und Auswahl der für die eigene Fragestellung wichtigen Bücher, gezieltes Lesen und übersichtliches Notieren) zu empfehlen ist, wurde ausführlich in den vorangehenden Kapiteln dargestellt.

Nicht nur Bibliotheken und Archive können aber Quellenmaterial für Semesterarbeiten enthalten. Je nach Fragestellung lassen sich wichtige Informationen auch durch *Interviews* mit Fachleuten, durch *Kontaktnahme* mit Konsulaten, Berufsverbänden, Behörden, usw. gewinnen. Je nach Thema können wir auch prüfen, ob eine Stelle (z.B. Verkehrsbüro, Verein) uns außer Informationen auch Anschauungsmaterial wie Bilder, Fotos, Filme, Videoaufnahmen oder eine Tonbildschau zur Verfügung stellen kann.

Wie bei der Materialgewinnung aus Büchern muß auch bei diesen Informationen in den Notizen festgehalten werden, woher sie stammen. Dies ist nicht nur deshalb wichtig, weil wir die Quelle in der Arbeit angeben müssen; es hilft uns auch, die Zuverlässigkeit der Information zu gewichten

(persönliche Meinung, unbewiesene Behauptung eines Befragten oder eines Autors oder durch Untersuchungsergebnisse erhärtete Aussage).

Bei einer ersten *Sichtung* des zusammengetragenen Materials ergibt sich oft, daß wichtige Punkte nach wie vor ungeklärt sind (und vielleicht aus einer anderen Perspektive neu angegangen werden müssen) oder daß sich Aussagen oder Ergebnisse zu einer Frage widersprechen und weitere Informationen eingeholt werden müssen.

Regeln für den Aufbau

Sind alle Informationen vorhanden, empfiehlt es sich, die vorläufige Gliederung nochmals zu überprüfen und gegebenenfalls aufgrund des vorhandenen Materials leicht abzuändern.

Ebensowenig wie Städte in der Regel entlang einer einzigen Straße gebaut sind, sind Wissensgebiete eindimensional und bieten schon von ihrem Aufbau her nur eine Einstiegsmöglichkeit. Die schriftliche Darstellung (und ebenso natürlich auch die mündliche) ist aber linear. Wir müssen notgedrungenermaßen Zusammenhängendes auseinanderreißen, überlegen, ob wir einen Aspekt, der zu zwei Gebieten gehört, in diesem oder jenem Kapitel behandeln wollen. Kriterium ist sicher immer die Verständlichkeit. Notfalls können wir mit Querverweisen die Verbindung wieder herstellen.

Für den groben Aufbau gibt es einige *Grundregeln:*

– Im allgemeinen setzt man an den Anfang ein *Vorwort.* Es nimmt alle Informationen auf, die nicht zur eigentlichen Problemstellung gehören: Wir erklären, warum wir gerade dieses Thema gewählt haben, welche Absichten wir damit verfolgen, in welchen größeren Zusammenhang das Ganze zu stellen ist, welche Einschränkungen aus welchen Gründen vorgenommen werden mußten, usw. Vor allem aber benützen wir das Vorwort, um uns bei jenen Personen und Organisationen zu bedanken, die uns mit Ratschlägen, Unterlagen oder auf andere Weise bei der Ausführung der Arbeit unterstützt haben. Das Vorwort wird mit Ort und Datum der Niederschrift versehen und unterschrieben.

Die eigentliche Arbeit gliedert sich in Einleitung, Hauptteil und Schluß.

- Die *Einleitung* führt in unser Thema ein. Wir definieren unser Problem, grenzen es genau ab und geben durch Zusammenfassung der Fachliteratur einen Überblick über den bisherigen Stand der Forschung.
- Im *Schlußteil* werden unsere wichtigsten Ergebnisse zusammengefaßt und die Schlußfolgerungen gezogen. Wir spannen den Bogen zur Einleitung und legen dar, welche der aufgeworfenen Fragen wir beantwortet haben und welche weiterhin der Lösung harren. Abgeschlossen wird oft mit einem Ausblick auf zukünftige Arbeiten.
- Die Gliederung des *Hauptteiles* hängt stark von der Art der Arbeit ab. Für *wissenschaftliche Arbeiten* gilt folgende Reihenfolge:
  - Hypothese
  - Beschreibung der Methode
  - Ergebnisse
  - Diskussion

Bei einer Literaturarbeit, bei der Darstellung eines bestimmten Wissensgebietes oder Analyse eines Problems ist der Aufbau jedoch nicht von vornherein gegeben: Wir müssen ein Skelett erstellen.

Wenn wir mit Karteikarten gearbeitet haben – was sich übrigens auch beim Niederschreiben der eigenen Gedanken und Ergebnisse tun läßt – ist das Zusammensetzen des Skeletts einfach:

Wir sehen als erstes unsere Karten durch und ergänzen und gewichten sie; oft muß man sich in diesem Stadium entschließen, gewisse Teilaspekte und Detailfragen wegzulassen, da die Arbeit sonst zu umfangreich oder zerrissen würde. Dann beginnen wir mit den *Hauptkapiteln*, in die wir die Arbeit unterteilen wollen. Wir haben diese erste Gliederung ja bereits beim Kennzeichnen der Karteikarten vorgenommen (vgl. S. 122) – es bleibt uns somit lediglich zu prüfen, ob sie sinnvoll ist, ob sie alle Aspekte umfaßt, und eine logische Reihenfolge festzulegen. Die Kapitel werden daraufhin numeriert, jede Karte mit der entsprechenden Zahl versehen.

Beispiel:

Internationale Zusammenarbeit

- **1. Entwicklungshilfe**
  - **1.1 Arten der Entwicklungshilfe**
    - **1.1.1 Kapitalhilfe**
    - **1.1.2 Technische und Beratungshilfe**
    - **1.1.3 Handelspolitische Maßnahmen zugunsten der Entwicklungsländer**
  - **1.2 Träger der Entwicklungshilfe**
    - **1.2.1 Weltbank**
    - **1.2.2 Internationale Organisationen**
    - **1.2.3 Einzelne Geberstaaten**
- **2. Flüchtlingshilfe**

usw.

Den gleichen Vorgang wiederholen wir nun innerhalb jedes einzelnen Kapitels: Wir prüfen die Inhalte, legen die Untertitel und deren Reihenfolge fest und versehen die Karten mit Ordnungszahlen, die dadurch drei- bis vierstellig werden können. Auf diese Weise stellen wir sicher, daß wir keinen wichtigen Aspekt vergessen und jedes Problem im richtigen Zusammenhang behandeln.

Gleichzeitig prüfen wir auch, welche *Tabellen, graphischen Darstellungen* oder *Illustrationen* wir übernehmen oder selbst anfertigen wollen. Es gibt viele Möglichkeiten, Ergebnisse darzustellen: von Tabellen über Kurven, Skizzen, Säulen-, Balken- oder Kreisdiagramme. Spezielle Computerprogramme erleichtern die Umsetzung von Zahlen in verschiedene Arten der Darstellung. Oft ist es einfacher, komplizierte Sachverhalte graphisch darzustellen, als umständlich zu erläutern.

Beim Verfassen des *ersten Entwurfs* geht es zunächst darum, die Gestalt, den Aufbau der Arbeit zu bestimmen, seine Gedanken festzuhalten. Die Gliederung muß dabei auch für den Leser sichtbar gemacht werden. Es genügt meist nicht, nur Titel aneinanderzureihen – es muß auch erkennbar sein, welches Haupt- und welches Unterkapitel sind, welche Abschnitte einander neben- und welche übergeordnet sind. Gliederungshilfen sind Größe und Schrift der Titel, römische und arabische Zahlen, Groß- und Kleinbuchstaben. Auch das Inhaltsverzeichnis wird entsprechend dargestellt und zeigt dem Leser vor Beginn den Aufbau der Arbeit.

Regeln für Zitate

Viele der Produkte, die wir in unserer Arbeit auf den Markt bringen, stammen aus Nachbars Garten: wir haben die Ergebnisse und Erkenntnisse von anderen Autoren zusammengetragen. Dies ist vollkommen in Ordnung, ja meist unumgänglich. Wer kann heute schon auf irgendeinem Gebiet beim Nullpunkt beginnen? Sinnvoller ist, wenn jeder auf den Arbeiten der anderen aufbaut.

In unserem Bericht müssen wir diese Bausteine jedoch kennzeichnen. Jeder Hinweis, den wir aus einem Buch übernommen haben, jedes fremde Forschungsresultat, von dem wir berichten, verlangt eine Quellenangabe. Um den Text nicht allzu sehr zu zerreißen, empfiehlt es sich, im Anschluß an die Erwähnung lediglich in Klammern den Namen des Autors und das Publikationsjahr aufzuführen. In einer Fußnote oder im Literaturverzeichnis im Anhang geben wir alle wichtigen Informationen: Name und Vorname des Verfassers, Titel und Untertitel des Buches, Erscheinungsort und -jahr, Auflage (vgl. Literaturverzeichnis auf S. 191). Auch wenn wir die Bücher zu diesem Zeitpunkt vielleicht bereits an die Ausleihstelle zurückgegeben haben, können wir diese Angaben unseren Autorenkarten entnehmen (s. S. 121).

Geben wir Ausführungen eines anderen Verfassers wortwörtlich wieder, müssen wir sie als *Zitat* kennzeichnen: wir setzen sie in Anführungszeichen; zu den übrigen Angaben liefern wir in diesem Fall noch die Seitenzahl, auf der wir den Satz (oder die Sätze) gefunden haben. Selbstverständlich sind wir dann verpflichtet, das Zitat unverfälscht, d.h. buchstabengetreu wiederzugeben.

Ändern wir etwas daran, muß dies speziell vermerkt werden. So kann es vorkommen, daß wir kürzen, in einem Satz etwas auslassen. Die entsprechende Stelle wird durch drei Punkte in einer Klammer markiert (...).

Beispiel

Auch der bekannte Biochemiker und Fachmann für Umweltfragen, Frederic Vester, betont die Wichtigkeit der Beachtung elementarer Lerngesetze: »Auch dies führt wieder zu einer Grundforderung: vor neuen Einzelinformationen immer den größeren Zusammenhang, sozusagen das Skelett des Ganzen anzubieten. Die nicht allzu fremde Information (...) wird sich auf vielen Ebenen im Gehirn verankern und nun ein empfangsbereites Netz für die ankommenden Details bieten.«
F. Vester, 1978, S. 124

Die Vorteile der Lagerung

Nach der Niederschrift empfiehlt es sich, sein Werk erst einmal einige Tage wegzulegen. Nach Ablauf dieser Frist lesen wir alles nochmals kritisch durch – vorher fehlt uns die nötige Distanz und wir lesen auch über störende Formulierungen und Ungereimtheiten hinweg.

Fehlt Ihnen die Zeit für diese Lagerung? Obwohl Sie nach Durcharbeiten dieses Buches und mit Hilfe des Zeitplanes auf S. 137 bewußt planen und einteilen? Dann geben Sie Ihren Entwurf einem Kollegen zum Lesen – Kollegen haben selten Mühe, in die Rolle des Kritikers zu schlüpfen. Bei der *Überarbeitung* prüfen Sie zunächst Orthographie, Stil und Grammatik: Ist der Sinn jedes Satzes klar? Ist die Arbeit verständlich, gut gegliedert? Bildet jeder Abschnitt eine logische Einheit?

Versetzen Sie sich in die Lage des Lesers: Liest sich der Text leicht oder kommen komplizierte, unnötig verschachtelte Sätze vor (dies läßt sich besonders gut durch Lautlesen feststellen)? Ist die Wortwahl und der Satzbau abwechslungsreich oder gibt es viele Wiederholungen? Wie können die Ausführungen veranschaulicht werden, welche Beispiele, Zitate und Abbildungen lockern den Text auf?

Die wichtigen Äußerlichkeiten

Nach Lagerung und Überarbeitung ist unsere Arbeit nun so weit, daß sie ins Reine geschrieben werden kann. Jetzt ist die Zeit für ein wenig Verkaufspsychologie gekommen: Die Verpackung beeinflußt die Kunden und läßt den Inhalt besser zur Geltung kommen.

Achten wir also darauf, daß unser Bericht nicht nur sauber und ordentlich geschrieben ist, sondern auch eine gute Übersicht ermöglicht: Erstellen Sie ein Inhaltsverzeichnis, gliedern Sie die Arbeit klar und übersichtlich durch deutlich abgehobene Titel und Untertitel, durch Absätze und großzügige Ränder. Machen Sie kein Geheimnis daraus, was Sie für wichtig erachten: Unterstreichen Sie, verwenden Sie gegebenenfalls Sperr- und Kursivdruck (natürlich sind diese Maßnahmen sparsam anzuwenden, sonst verfehlen sie ihre Wirkung).

Check-list für die Vorbereitung einer größeren Arbeit

Verwenden Sie bei der nächsten größeren Arbeit die nebenstehende Check-list. Wenn Sie die Zeiten einsetzen, gehen Sie von Ihren Erfahrungswerten aus und vergessen Sie nicht, großzügige Reserven einzuplanen.

Und wenn ich einen Vortrag halten muß?

Was über die Vorbereitung einer größeren schriftlichen Arbeit gesagt wurde, gilt auch für einen Vortrag: Themenwahl, Art der Bearbeitung, Materialsuche, Ordnen und Strukturieren erfolgen auf die gleiche Weise – dann trennen sich die Wege. Es ist nämlich nicht zu empfehlen, ein ausführliches Manuskript zu erstellen.

Leute, die einen Vortrag Wort für Wort ablesen, tun dies im allgemeinen aus Angst, sonst Wichtiges zu vergessen oder falsche Formulierungen zu wählen. Soweit es sich dabei um Regierungs- oder Nachrichtensprecher handelt, die über das Fernsehen eine Botschaft an das Volk weitergeben, mag dieses Argument von Bedeutung sein. In allen anderen Fällen wiegen die Vorteile des freien Vortrages das Risiko eines zeitweiligen ungeschickten Satzbaus bei weitem auf.

Teilarbeit	Bemerkungen	Zu erledigen bis:	Besprechen mit
1. Themenwahl	– Nicht zu eng, nicht zu weit – Frage bearbeiten, die bei der Lektüre, bei Diskussionen, beim Fernsehen aufgetaucht ist – Querverbindung zwischen zwei Fächern herstellen – Verbindung zwischen Schulfach und privatem Interessengebiet herstellen		
2. Art der Bearbeitung festlegen	– Literaturarbeit, eigene Untersuchung, Beobachtung, Interviews – Sachliche Darstellung, Einzelaspekt, – Persönliche Stellungnahme		
3. Literatur beschaffen	– Verschiedene Bibliotheken prüfen – In Katalogen und Zeitschriftenverzeichnissen sowie Bibliographien unter verschiedenen Schlagwörtern prüfen, sowohl von übergeordneten als auch von Spezialgebieten ausgehen, Lexika und Handbücher prüfen		
4. Aufbau bestimmen	– Literatur durcharbeiten – Struktur der Arbeit festlegen		
5. Informationen zusammenstellen	– Literatur ergänzen – Weitere Informationen bei verschiedenen Quellen einholen – Eigene Untersuchungen oder Beobachtungen durchführen und auswerten		
6. Entwurf erstellen	– Feingliederung der Arbeit erstellen – Tabellen, graphische Darstellungen, Illustrationen zusammenstellen – Arbeit im Entwurf schreiben		
7. Ausarbeiten	– Vorwort, Zusammenfassung, Literatur- und Inhaltsverzeichnis schreiben – Entwurf überarbeiten		
8. Reinschrift	– Auf Darstellung, Übersichtlichkeit, Gliederung achten		

Sie haben in Ihrer Schulzeit schon viele Vorträge gehört. Wann hören Sie gerne zu? Können Sie einige Voraussetzungen nennen?

....

....

....

....

Vergleichen Sie Ihre Angaben mit den unten aufgeführten: Sind es dieselben? Versuchen Sie die Ihnen wichtig erscheinenden bei Ihren eigenen Vorträgen zu berücksichtigen.

Leicht fällt uns das Zuhören bei Vorträgen,
- wenn wir persönlich angesprochen werden,
- wenn uns das Thema interessiert,
- wenn der Vortrag locker aufgebaut ist,
- wenn er anschaulich ist.

Die *Rhetorik* (Redekunst) war im antiken Griechenland von großer Bedeutung. Leider wird in den heutigen Schulen wenig darauf eingegangen – mit der Folge, daß freiwillige Rhetorikkurse großen Zulauf haben.

Einer der wichtigsten Grundsätze der Rhetorik besteht darin, die *Zuhörer einzubeziehen.* Wir sprechen nicht *vor,* sondern *zu* ihnen. Dies können wir natürlich nur, wenn wir unseren Blick nicht krampfhaft auf das Manuskript richten und vorlesen, sondern unser Publikum anschauen. Nur dann erkennen wir auch, ob unser Vortrag ankommt, ob wir zu schnell oder zu langsam vorwärts gehen, ob wir die Hörer fesseln oder langweilen, und können entsprechend reagieren.

Am besten fahren Sie deshalb, wenn Sie sich den Aufbau Ihres Vortrages nur stichwortartig notieren. Ihr Manuskript dient vor allem Ihrer eigenen Beruhigung und soll sicherstellen, daß Sie nichts Wichtiges vergessen. Kennen Sie Ihre Hörer nicht, wählen Sie den Aufbau möglichst flexibel, um gegebenenfalls zusätzlich notwendige Erläuterungen einbauen zu können.

»Ein Professor träumte, er halte eine Vorlesung, wachte auf und merkte, daß es kein Traum war. Falls Sie jetzt träumen, daß Sie einem Vortrag zuhören – wachen Sie auf, es stimmt!«
So begann eine amerikanische Dozentin ihren Vortrag und hatte damit erreicht, daß die Zuhörer amüsiert und aufmerksam auf ihre weiteren Ausführungen warteten.

Besonders wichtig ist der *Einstieg* in unseren Vortrag. Wenn wir mit einem Scherz, einem treffenden Zitat oder einer unerwarteten Anwendung unserer Theorie beginnen, können wir die Hörer gewinnen, bevor sie alle in seligem Schlummer liegen und unsere Pointen ungehört verhallen.

Wir hören und lesen so viele Witze, Scherzfragen, Anekdoten – es lohnt sich, die besten zu notieren, um eine Auswahl zur Verfügung zu haben, wenn wir sie brauchen.

Weitere wichtige Punkte:

– Bieten wir auch den *Augen* etwas. Wie wir wissen, fällt es manchen Leuten leichter, Informationen über das Ohr aufzunehmen, während andere besser über die Augen lernen. Wenn wir uns bemühen, unsere Ausführungen zu veranschaulichen, lockern wir nicht nur unseren Vortrag auf, sondern tragen zur besseren Verarbeitung bei.

Die einfachste Form der Veranschaulichung stellt die alte Wandtafel dar, aufwendiger sind Filme, Videoaufnahmen oder Tonbildschauen. Dazwischen gibt es je nach Thema und Zuhörerschaft zahlreiche weitere Möglichkeiten. Einige Beispiele:

– *Packpapier* oder große *Papierbogen*, auf denen wir Skizzen, Übersichten oder Graphiken anfertigen;
– *Stecktafeln* oder *Stellwände,* die Bilder, Fotos, Darstellungen aufnehmen;
– *Hellraum- oder Overheadprojektor,* mit dem wir Folien zeigen können (s. Kasten auf S. 140)
– *Dias*
– Zur Einstimmung *Musik* von einer Schallplatte oder einem Tonband.

Bei einem Buch können die Leser zurückblättern, kompliziertere Abschnitte nochmals lesen, bis sie alles verstanden haben. Bei einem Vortrag muß der Sprechende dafür sorgen, daß kein Zurückblättern erforderlich ist. Schwierigere Sachverhalte werden mehrmals erläutert, veranschaulicht, Beispiele gegeben – bis die Reaktion der Hörer zeigt, daß alles klar ist.

Auch *Wortwahl* und *Satzbau* passen Sie dem Verständnis der Hörer an – ganz allgemein gilt, daß man in kürzeren, einfacheren Sätzen spricht als schreibt, Fachausdrücke an die Tafel schreibt und erklärt, mehr Beispiele einstreut. Prüfen Sie Ihren Stil, indem Sie probeweise ein Tonband mitlaufen lassen.

Einige Hinweise für die Nutzung von Hellraumprojektoren

- Folien von Zeichnungen, Gliederungsübersichten, Tabellen, Kurven, Definitionen, die wir während unseres Vortrages zeigen wollen, können wir vorher anfertigen.
- Unser Publikum kann nicht gleichzeitig die Folie betrachten und vielleicht kopieren und unserem Vortrag zuhören. Lassen wir ihm deshalb genügend Zeit. Sind die Darstellungen und Tabellen kompliziert, empfiehlt es sich, jeweils einen Teil abzudecken und nur jenen Bereich sichtbar werden zu lassen, von dem gerade die Rede ist.
- Für kompliziertere Darstellungen können wir auch mehrfarbige oder überlappende Folien herstellen.
- Auch während unseres Vortrages können wir Skizzen, Fremdwörter, Zahlen, Graphiken aufzeichnen, um die Verständlichkeit zu erhöhen. Eine andere Möglichkeit besteht darin, in einer bereits vorhandenen Skizze während des Vortrags mit Farbe noch wichtige Elemente einzuzeichnen.
- Nicht zu empfehlen ist die Verwendung von lauter Großbuchstaben.
- Allgemein gilt, daß Bilder einprägsamer sind als Texte, daß letztere somit nur sparsam zu verwenden sind.
- Wir schreiben nicht zuviel Text auf eine Folie und nicht zu klein, um sicherzustellen, daß alle Zuhörer auch alles lesen können.

Sie haben sich den besten *Aufbau* überlegt – gönnen Sie Ihrem Publikum einen Hinweis darauf: Geben Sie ihm am Anfang einen Überblick, am Schluß eine kurze Zusammenfassung; variieren Sie Tonfall, Tempo und Lautstärke entsprechend der Wichtigkeit der Mitteilungen, schalten Sie ruhig ab und zu eine kurze Atempause ein, wenn eine Aussage Zeit zum »Einsinken« braucht.

»Sprich, wie du schreibst. Und ich weiß, wie du schreibst. Sprich mit langen, langen Sätzen – solchen, bei denen du, der du dich zu Hause, wo du ja die Ruhe, deren du so sehr benötigst, deiner Kinder ungeachtet, hast, vorbereitest, genau weißt, wie das Ende ist, die Nebensätze schön ineinandergeschachtelt, so daß der Hörer, ungeduldig auf seinem Sitz hin und her träumend, sich in einem Kolleg wähnend, in dem er früher so gern geschlummert hat, auf das Ende solcher Periode wartet ... nun, ich habe dir eben ein Beispiel gegeben. So mußt du sprechen.«
Kurt Tucholsky, »Ratschläge für einen schlechten Redner«

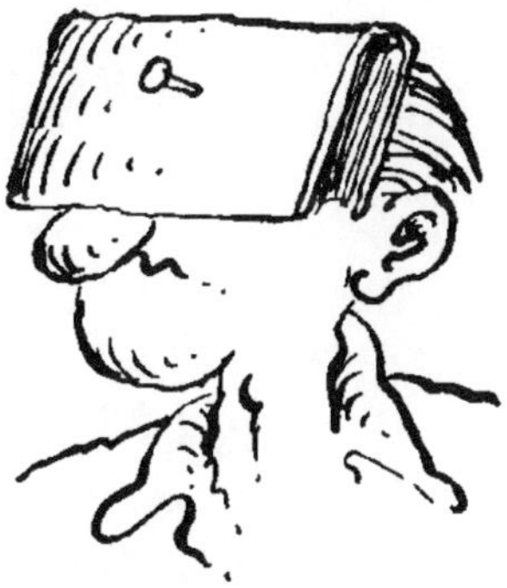

- Wie können Sie Ihre Zuhörer einbeziehen? Können sie etwas überlegen, ausprobieren, anwenden, sich an einer Aufgabe beteiligen? Lassen Sie sie Fragen stellen, ihre Meinung äußern, ein Urteil abgeben?
- Wichtig ist auch der *Schluß* des Vortrags: Wenn Sie, statt einfach aufzuhören, mit einem Appell, einer einprägsamen Schlußfolgerung enden oder an den Anfang anknüpfen, runden Sie Ihre Ausführungen ab und hinterlassen einen guten Eindruck.
- Wie bei allen Lernformen hilft Ihnen auch beim Vortrag ein *Feed-back* weiter. In der Schule erläutert meist der Lehrer, was er gut fand und auf welche Punkte Sie noch mehr achten müssen. Aber auch die Hinweise der Zuhörer und Ihre eigenen Beobachtungen können Sie notieren, um sich bei zukünftigen Vorträgen daran zu orientieren.

Was kann ich gegen Lampenfieber tun?

Schreckt Sie die Aussicht, sich vor eine Gruppe von Menschen hinstellen und sprechen zu müssen? Werden Sie bei näherrückendem Termin immer nervöser? Malen Sie sich in den buntesten Farben aus, was Ihnen alles zustoßen könnte, wie Sie mitten im Vortrag den Faden verlieren, etwas Falsches sagen und alle Hörer in Gelächter ausbrechen?

Trösten Sie sich: Lampenfieber haben fast alle – selbst Schauspieler, die ihr ganzes Leben immer wieder auf der Bühne stehen, kennen die Nervosität vor dem Auftritt. Es schadet meist auch nichts, bringt Sie höchstens dazu, sich Ihrer Vorbereitung noch etwas intensiver zu widmen und nochmals einen besseren Anfang zu suchen.

Schlimm wird es erst, wenn Ihre Nervosität während des Vortrages anhält und Sie daran hindert, frei und sicher aufzutreten. Gehören Sie zu den Leuten, die tatsächlich steckenbleiben, mit hochrotem Kopf und trockenem Mund nach Luft schnappen, mit zittrigen Fingern nach ihrem Manuskript tasten? Oder fürchten Sie, demnächst zur Gruppe dieser Unglückseligen zu gehören?

Zunächst ein Hinweis: Die »Gruppe der Unglückseligen« ist weit größer als man glaubt – das freie Sprechen, das Vertreten einer eigenen Meinung vor einer Gruppe von Menschen wird eben in den Schulen viel zuwenig geübt. Die meisten Leute weichen deshalb Vorträgen und Reden ganz einfach aus und lehnen entsprechende Ansinnen entsetzt von sich.

Medikamente gegen Lampenfieber

Grundsätzlich gibt es zwei Medikamente zur Bekämpfung dieser Krankheit. Das eine heißt *Übung*. Die Aufgabe schreckt Sie, weil sie unbekannt ist – gewinnen Sie deshalb Routine. Ihre Familie, Verwandten und Freunde müssen mitspielen: Halten Sie Ihren Vortrag probeweise vor ihnen, natürlich mit allen Unterlagen und allen Illustrationen. Haben Sie dies einige Male getan, wissen Sie, daß Sie Ihr Thema beherrschen und auch weitergeben können.

Selbstverständlich sollten Sie den Vortrag dabei nicht einfach auswendig herunterleiern, sondern sich lediglich an den in Ihren Notizen festgehaltenen Aufbau halten und immer wieder neue Formulierungen suchen. Nur den motivierenden ersten und den krönenden letzten Satz können Sie sicherheitshalber auswendig lernen.

Sollte Ihre Umgebung unbarmherzig genug sein, auf Ihre Ausführungen dankend zu verzichten, bleiben Ihnen noch der Spiegel und das Tonband – ein kritisches Publikum! Achten Sie dann vor allem auf Ihre Sprechweise (viele Wiederholungen, »ää's«?), Lautstärke und Körperhaltung (Hände in den Taschen, verkrampft?).

Sollte die Übung allein noch nichts helfen, überlegen Sie einmal ruhig, wovor Sie Angst haben, was Ihnen schlimmstenfalls passieren könnte und wie Sie reagieren würden:

Ich habe Angst davor,

– steckenzubleiben	→	Sie haben ja Ihr Manuskript; suchen Sie ruhig die Stelle, an der Sie anknüpfen können – eine kleine Pause schadet nichts.
– nicht gut anzukommen, ausgelacht zu werden	→	Wie verhalten Sie sich als Zuhörer? Sicher sind Sie verständnisvoll und sehen über Pannen hinweg – die anderen tun dies auch.
–		....
....		....
....		....

Das zweite Medikament heißt: *Das Thema in den Mittelpunkt stellen.* Übergroße Angst ist – wenn wir ehrlich sind – eine zu intensive Beschäftigung mit uns selbst. Wir gestatten uns nicht, einen Fehler zu machen, der Eindruck, den wir auf andere machen, ist uns überaus wichtig. Versuchen wir, uns davon zu entfernen, und nehmen wir den Vortrag als das, was er tatsächlich ist: eine Mitteilung an andere. Wenn wir unser Augenmerk darauf richten, wie diese Mitteilung am besten ankommt, wenn unser erstes Anliegen darin besteht, daß die Hörer das Ganze *verstehen,* messen wir unserem eigenen Eindruck etwas geringere Bedeutung bei – die andern tun dies auch.

Eine Checkliste für die Vorbereitung einer größeren Arbeit befindet sich auf S. 137. Zur Zusammenfassung der Punkte, die beim Halten eines Vortrages von Bedeutung sind, können Sie nachstehende Tabelle ausfüllen.

Zusammenfassung: Halten eines Vortrages		
Vorbereitung	Manuskript	
	Unterlagen, Hilfsmittel	
	Einstieg	
	Rezepte gegen Lampenfieber	
Während des Vortrages	Aufbau	
	Sprechweise	
	Anschaulichkeit	
	Körperhaltung	
Nach dem Vortrag	Rückmeldung	
	Selbsteinschätzung	

Vergleichen Sie Ihre Stichworte mit jenen auf S. 189

5. Zusammenarbeit

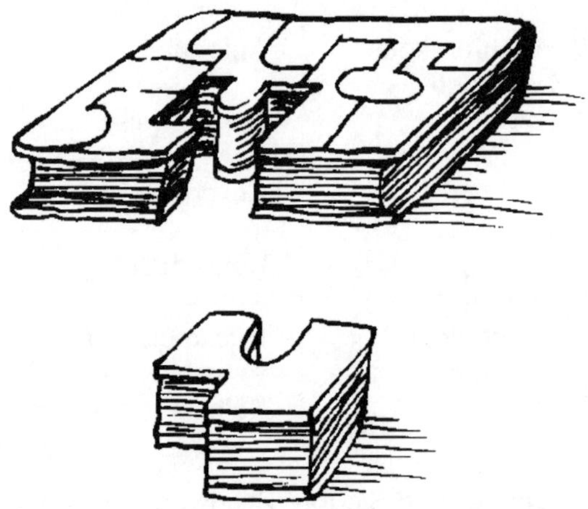

Forschungsergebnisse und Erkenntnisse

- Arbeite ich gerne mit anderen zusammen?
- Welche Arbeiten erledige ich allein und welche gemeinsam mit anderen?
- Kann ich gut mit andern zusammenarbeiten?
- Warum klappt es manchmal nicht?
- Welche Forschungsergebnisse zur Zusammenarbeit interessieren mich?

....

....

Welche Vorteile bietet die Zusammenarbeit?

Hubers haben einen jungen Hund. Es macht Michael Spaß, mit ihm spazieren zu gehen. Als er nach Hause zurückkehren will, hat der Hund keine Lust, mitzukommen. Michael will ihn einfangen, aber das ist gar nicht so einfach. Schwanzwedelnd läßt ihn der Hund bis dicht an sich herankommen und macht dann einen großen Satz zur Seite. Wie froh ist Michael, als einige Schulkameraden vorbeikommen. Gemeinsam kreisen sie den Hund von allen Seiten ein und kriegen ihn so schnell zu fassen.

Die Vorteile der Zusammenarbeit beim Jagen und Einkreisen haben schon die Menschen der Steinzeit zu nutzen gewußt. Gruppen können Aufgaben mühelos bewältigen, die einen Einzelnen vor unlösbare Schwierigkeiten stellen. Nicht nur junge Hunde, auch Ideen und Entscheidungen lassen sich von einer Gruppe leichter »einkreisen«, während sie einem Einzelnen immer wieder »entwischen«.

Aus diesen Gründen haben sich die Menschen schon immer zusammengetan, wenn es darum ging, entweder ihre körperlichen Kräfte, ihre Beweglichkeit, Aufmerksamkeit, ihre Suchleistungen oder ihre geistigen Kräfte zu vermehren. In Politik und Wirtschaft werden die wichtigsten Entscheidungen in einer Gruppe (Kabinett, Vorstand) getroffen, aus der Überzeugung, daß das Ergebnis einer Gruppenberatung den Überlegungen einer Einzelperson – auch wenn sie anerkanntermaßen kompetent ist – überlegen ist.

Für diese Überzeugung sprechen folgende Gründe:

- In einer Gruppe ist der Kreis von Ideen, das Spektrum von Ansichten breiter, es kann aus einer größeren Vielfalt von Möglichkeiten eine Auswahl getroffen werden.
- Die Diskussion in einer Gruppe bringt Klarheit, weil jeder sich genauer ausdrücken und sorgfältiger formulieren muß, als wenn er mit seinen Gedanken allein ist; wenn wir den andern klarmachen müssen, was wir meinen, können wir es nicht bei unbestimmten Ideen und Vorstellungen bewenden lassen.
- Ein Einzelner verrennt sich leicht in eine Sackgasse, sucht eine Lösung nur in einer bestimmten Richtung und kann auch naheliegende andere Möglichkeiten übersehen. Die Gruppe kann hier einen Ausgleich schaffen – Äußerungen anderer werden kritischer überprüft als die eigenen.

80 Studenten, 80 Fachschüler und 80 Abiturienten erhielten Lehrtexte aus verschiedenen Wissensgebieten. Jeder Teilnehmer erarbeitete einen Lehrtext in einer Kleingruppe, einen andern in Einzelarbeit. In den Kleingruppen wurde zu viert oder zu zweit gelesen und diskutiert. Die Arbeitszeit betrug jeweils 30 Minuten. Ergebnis: Schüler und Studenten zeigten bei den Texten, die sie in der Kleingruppe diskutiert hatten, bessere Leistungen als bei jenen, mit denen sie sich allein auseinandergesetzt hatten. Dise Leistungsunterschiede waren sowohl bei den Prüfungen nachweisbar, die unmittelbar an das Lernen anschlossen, als auch bei den Tests, die eine Woche später stattfanden. Auch die Stimmung und Einstellungen waren bei den Gruppenarbeiten besser.

- Das Gewichten und Bewerten fällt einer Gruppe leichter als dem Einzelnen. Durch eine Aussprache werden unterschiedliche Deutungen und Wertungen bewußt gemacht. Zusammenhänge werden eher sichtbar, Kleinigkeiten weniger überbewertet.
- Die Motivation ist in einer Gruppe besser, die Gegenwart anderer erhöht das Interesse und das Engagement.

Auch in der Schule zeigt sich oft, daß Gruppenarbeiten zu besseren Ergebnissen führen als Einzelarbeiten (Kasten).

Die Diskussion der Inhalte mit anderen Lernenden führt zu einer vertieften Auseinandersetzung und damit zu einem besseren Behalten als das Lesen allein.

Welche Probleme ergeben sich bei der Zusammenarbeit?

So groß allerdings auch oft die Vorteile der Zusammenarbeit sind – die Schlußfolgerung, daß das Ergebnis einer gemeinsamen Anstrengung grundsätzlich besser ist als die Leistung Einzelner, ist nicht zulässig. Dies hat verschiedene Gründe:

- *Das Bedürfnis nach Übereinstimmung ist oft größer als der Wunsch, die beste Lösung zu finden.* In einem bekannten Experiment mußten die Versuchspersonen angeben, welche von drei Strecken gleich lang sei wie eine Vergleichsstrecke. Sie lösten alle Aufgaben praktisch fehlerfrei, wenn sie sie allein ausführten. Mußten sie ihre Schätzungen aber laut bekanntgeben, nachdem eine Anzahl anderer (angeblicher) Versuchspersonen abweichende Schätzungen geäußert hatten, stieg die Fehlerzahl stark an. Je mehr Menschen in einer Diskussion einander beipflichten, desto schwieriger wird es für den Einzelnen, eine abweichende Meinung zu vertreten. Oft wird er wider besseres Wissen zustimmen oder lieber schweigen, als sich offen gegen die Mehrheit auszusprechen. Verschiedene Gründe können dafür verantwortlich sein: Der Wunsch, mit den anderen übereinzustimmen, die Angst, unangenehm aufzufallen, nicht dazuzugehören, und Zweifel an der eigenen Urteilsfähigkeit.
  Diese Tendenz kann sich nicht nur bei Stammtischrunden und unverbindlichen Gesprächen, sondern auch bei wichtigen politischen oder kaufmännischen Entscheidungen bemerkbar machen.

- *Die Meinungen der anderen werden nicht ernst genommen:* Viele Entscheidungen werden zwar in einer Gruppe besprochen; der Vorgesetzte oder Gruppenleiter steigt aber bereits mit einer vorgefaßten Meinung in die Beratung. Er hört die andern an, ist aber nicht bereit, ihre Beiträge zu berücksichtigen, und kann deshalb von den Vorteilen einer Gruppe auch nicht profitieren.
- *Das Ergebnis von Gruppenarbeiten kann enttäuschend sein,* wenn sich die Mitglieder nicht für das Erreichte verantwortlich fühlen. Versuchen einige Teilnehmer, sich um die Arbeit zu drücken, und andere, sich gegenseitig zu blockieren, können die aktiveren zum Schluß kommen, daß sie alleine besser arbeiten würden.
- Bei Lerngruppen von Schülern ist oft der Arbeitseifer mit dem Vorsatz, sich gemeinsam zum Lernen hinzusetzen, bereits erschöpft. Nicht nur Einzelne haben manchmal Mühe, dann mit der Arbeit zu beginnen, wenn sie es sich vorgenommen haben: auch in Gruppen besteht die Gefahr, daß man zwar die Sportereignisse des Vortrages oder Pläne fürs Wochenende, nicht aber den Lernstoff intensiv diskutiert. Diese Gefahr ist besonders dann groß, wenn das Lernziel vorher nicht genau festgelegt wurde.
- Manche Situationen bewirken eine *Rivalität* zwischen den Gruppenmitgliedern: Wenn nur einer die beste Note oder den ersten Preis erhalten, nur einer befördert werden kann, ist jeder nur an seiner eigenen Leistung interessiert. Die Gruppe nimmt keine Arbeitsteilung vor, jeder hütet seine Informationen ebenso wie seine Werkzeuge und Hilfsmittel.
  Wettbewerbssituationen spornen oft den Einzelnen an (»Wer hat zuerst das richtige Resultat?«). Wenn es darum geht, einfache Arbeiten *möglichst schnell* zu erledigen, wird unter Konkurrenzbedingungen mehr geleistet als bei Zusammenarbeit. Soll aber bei komplexeren Problemen eine *möglichst gute* Lösung gefunden werden, sind Gruppen, deren Mitglieder zusammenarbeiten, jenen überlegen, die sich konkurrenzieren.
  Bei wichtigen Forschungs- und Entwicklungsarbeiten müssen deshalb Bedingungen herrschen, die die Mitarbeiter zur Zusammenarbeit motivieren. Nur dann können alle von den vorhandenen Kenntnissen, Fähigkeiten, Erfahrungen und Hilfsmitteln profitieren.

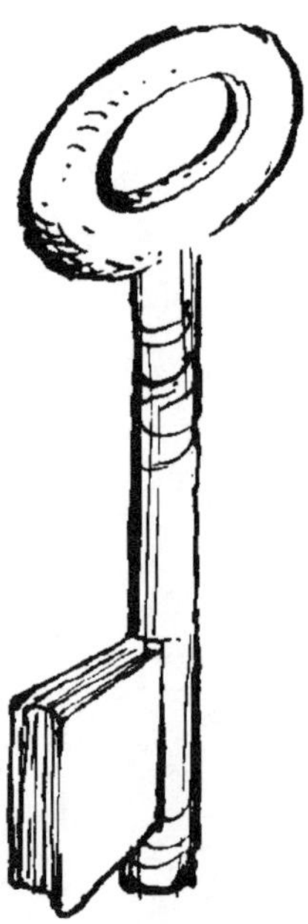

Wechsel zwischen Einzel- und Gruppenarbeit

Aus den erwähnten Problemen können wir folgern, daß auch die Zusammenarbeit gelernt werden muß und daß die Rahmenbedingungen eine wichtige Rolle spielen.

Grundsätzlich läßt sich aber auch sagen, daß es trotz der wichtigen Vorteile falsch wäre, nur noch in Gruppen zu lernen. Abgesehen davon, daß in der Schule in aller Regel Einzelleistungen gefordert und geprüft werden und ein ständiges gemeinsames Lernen schlecht auf diese Prüfungssituationen vorbereitet, zeigt die Erfahrung auch, daß es Aufgabentypen gibt, die besser allein erledigt werden. Wenn wir ein Fachbuch intensiv bearbeiten wollen, tun wir dies zunächst am besten allein, ebenfalls, wenn wir unsere Gedanken formulieren oder einen Bericht abfassen.

Lange Zeit war man der Ansicht, daß Gruppen *kreativer* seien als Einzelpersonen, und suchte deshalb für immer neue Aufgaben nach Lösungen durch *Brainstorming,* einer Methode des gemeinsamen Ideenfindens: Eine Gruppe von Leuten setzt sich zusammen, um möglichst viele Einfälle zu sammeln. Es gelten folgende Regeln:

- Keine Idee wird kritisiert, mag sie auch noch so absurd oder weit hergeholt sein.
- Jeder kann seiner Phantasie freien Lauf lassen, je ungewöhnlicher die Einfälle, desto besser.
- Es geht zunächst nur darum, möglichst viele Ideen zusammenzutragen; je größer die Auswahl, desto größer die Wahrscheinlichkeit, verwertbare Gedanken zu finden.
- Das Aufgreifen und Weiterentwickeln von Ideen anderer Teilnehmer ist nicht nur erlaubt, sondern erwünscht.

Die Methode des Brainstorming ist immer noch sehr verbreitet. Untersuchungen ergaben aber, daß die Annahme, die Ideen der anderen Teilnehmer wirkten sich günstig auf die Kreativität des Einzelnen aus, nicht zutrifft: Beim Vergleich der Einfälle, die vier Einzelpersonen zu einem Thema hatten, mit dem Brainstorming-Ergebnis einer Vierergruppe zeigte sich, daß das Spektrum von Ideen in der Gruppe kleiner war: es wurden weniger Einfälle und in einer geringeren Vielfalt produziert.

Neue Varianten des Brainstorming beruhen meist darauf, daß die Teilnehmer erst einzeln (oder schriftlich) einige Ideen notieren und dann erst austauschen. Auf diese Weise wird das Spektrum nicht vorschnell eingeengt, und trotzdem profitiert jeder von den Anregungen der anderen.

Weitere Untersuchungen, die die Leistungen Einzelner mit jenen von Gruppen verglichen, ergaben, daß Aufgaben, die ein *divergierendes* Denken (möglichst viele verschiedene Lösungen) erfordern, besser von einer Anzahl Einzelpersonen gelöst werden, während Gruppen bei Problemen, die ein *konvergierendes* Denken (Finden der besten Lösung) verlangen, den Einzelnen überlegen sind. Sinnvoll ist deshalb bei vielen schöpferischen Tätigkeiten ebenso wie beim Lernen ein Wechsel zwischen Einzel- und Gruppenarbeit.

Diskussionen leiten, an Diskussionen teilnehmen

- Welche Spielregeln gelten bei Diskussionsgruppen?
- Welche Aufgaben hat ein Diskussionsleiter?
- Welche Gefahren müssen vermieden werden?
- Wie kann ich erreichen, daß sich alle Mitglieder an der Diskussion beteiligen?

....

....

....

....

Wesentlicher Bestandteil einer erfolgreichen Zusammenarbeit sind Diskussionen im kleineren oder größeren Kreis. Zahlreich sind die Anlässe dazu: am Anfang einer gemeinsamen Aufgabe beraten wir uns über die Ziele, das Vorgehen und die Aufgabenverteilung; im Anschluß an einen Vortrag wollen wir uns mit den Inhalten noch intensiver und kritisch auseinandersetzen; bei der Arbeit auftauchende Konflikte sollen im Gespräche bewältigt, Schwierigkeiten und Probleme, die wir beim Lernen haben, der Gruppe vorgelegt werden.

Oft enden diese Diskussionen aber unbefriedigend für alle Teilnehmer, weil mancherlei Schwierigkeiten den Verlauf stören.

Auch das Diskutieren erfordert Übung. Folgende Regeln können zudem helfen:

Es ist nicht gleichgültig, wieviele Personen an einer Diskussion teilnehmen.

Natürlich gibt es lebhafte und anregende Diskussionen in großen Gruppen, beispielsweise auf einer Zusammenkunft oder nach einem interessanten Vortrag über ein kontroverses Thema. Dabei zeigt sich aber, daß die *Beteiligung* sehr unterschiedlich ist: Während sich einige engagierte Teilnehmer immer wieder zu Wort melden, verharren die meisten anderen Anwesenden in der Rolle der Zuhörer.

Im allgemeinen läßt sich sagen, daß bereits bei Gruppen von mehr als acht Personen die Verteilung der Sprechdauer sehr unterschiedlich ist und einzelne nicht, andere dagegen sehr viel sprechen. Wünscht man eine Diskussion, zu der alle Anwesenden einen Beitrag leisten, empfiehlt sich deshalb eine Gruppengröße zwischen 5 und 7 Personen. Nehmen weniger Leute daran teil, kann sich zwar ein interessantes Gespräch entwickeln, doch ist das Spektrum der Meinungen und Ideen, oder auch die Summe der Kenntnisse und Informationen zu begrenzt. Auch besteht hier die Gefahr, daß die Diskussion zu persönlich wird.

Und wenn die Gruppe größer ist?

Oft ist allerdings die Gruppengröße vorgegeben. Vielleicht treffen sich die 80 Schüler aller Abschlußklassen einer Schule, um ihre Prüfungsvorbereitungen zu besprechen, oder die 50 Zuhörer eines Vortrages möchten ihre Gedanken und Fragen vorbringen. Um zu vermeiden, daß nur wenige dazukommen, sich zu äußern, empfiehlt sich eine *zweistufige* Diskussion: Die Teilnehmer werden in mehrere kleinere Gruppen aufgeteilt, in denen die Meinungen gesammelt und Fragen zusammengetragen werden. In der Großgruppe werden anschließend die Ergebnisse zusammengefaßt und offene Fragen diskutiert.

Auch eine Diskussion muß vorbereitet sein

Eine Diskussion ist dann am fruchtbarsten, wenn sich die Teilnehmer vorher schon mit dem Thema auseinandergesetzt haben und vorbereitet sind. Das Ziel der Diskussion (Planung der gemeinsamen Arbeit, Lösung eines anstehenden Problems, Ideen sammeln für eine Veranstaltung, Auseinandersetzung mit einer strittigen Frage) muß frühzeitig bekanntgegeben werden; am besten werden gleichzeitig die entsprechenden Unterlagen (Fotokopien von Zeitungsartikeln, Kurzbeschreibungen des zu lösenden Problems, Hinweis, welches Buchkapitel, welcher Zeitschriftenartikel, welcher Film diskutiert werden soll) abgegeben.

Oft empfiehlt es sich, einen *Protokollführer* zu bestimmen, der entweder den Verlauf der Diskussion oder nur die gemeinsamen Ergebnisse und Beschlüsse schriftlich festhält. Das Vorgehen beim Protokollführen ist ähnlich wie bei anderen Notizen (vgl. S. 82). Empfehlenswert ist auch hier eine systematische Vor- und Nachbereitung der Notizen und eine Dreiteilung des Blattes. Der Protokollführer arbeitet mit dem Diskussionsleiter zusammen, wenn es darum geht, auf noch ungeklärte Fragen hinzuweisen, zusammenzufassen, Beschlüsse zu formulieren.

Die Leitung der Diskussion

Umfaßt die Gruppe mehr als 4 bis 6 Teilnehmer, ist zu überlegen, wer die Diskussionsleitung übernimmt. Die Leiterin oder der Leiter behält vor allem das Diskussionsziel im Auge, leitet zum nächsten Thema über, wenn ein Punkt abgeschlossen ist und sorgt dafür, daß alle gleichermaßen zu Wort kommen und angehört werden. Wenn es zu einem echten Gedanken- und Meinungsaustausch kommen soll, müssen alle Teilnehmer gleichberechtigt sein. Sie können sich auch in der Leitung der Diskussion abwechseln.

Die wichtigsten Aufgaben des Diskussionsleiters

Er leitet in das Thema ein, beschreibt kurz das Ziel der Zusammenkunft und eröffnet dann die Diskussion, z.B. mit den Worten: »Wem darf ich das Wort erteilen?« oder »Wer möchte dazu etwas sagen?« Meist ist es sinnvoll, daß sich die Teilnehmer melden und warten, bis sie vom Diskussionsleiter zum Sprechen aufgefordert werden. Das freie Sprechen hat zwar den Vorteil der Spontaneität, benachteiligt aber die zurückhaltenden Teilnehmer: Es gibt immer Gruppenmitglieder, die sehr schnell reagieren und flüssig formulieren, und andere, die mehr Zeit brauchen, um ihre Gedanken in Worte zu fassen, und die dann leicht »untergebuttert« werden.

Der Diskussionsleiter wacht darüber, daß auch beim Sprechen die Spielregeln eingehalten werden, mit anderen Worten, daß sachlich diskutiert wird, keiner dem andern ins Wort fällt, beleidigend reagiert oder vom The-

Übung

Nehmen wir an, Sie leiten eine Diskussion über ein aktuelles und umstrittenes Thema (Beispiel: Atomkraftwerke, Abrüstung). Stellen Sie sich die folgenden Situationen vor und geben Sie an, wie Sie reagieren würden.

Ein Teilnehmer redet viel und lange und beschwört dabei immer wieder die gute alte Zeit, als es solche Probleme noch nicht gab.

....

....

Ein auf seinem Gebiet sehr kompetenter Teilnehmer glaubt sich im alleinigen Besitz der Wahrheit und reagiert verächtlich auf die Beiträge der anderen.

....

....

Ein Teilnehmer wird wütend und beschimpft Sie.

....

....

Ein Teilnehmer setzte zu einem sachlichen, wohlüberlegten Beitrag an, wurde aber unterbrochen und schweigt seitdem.

....

....

Ein Teilnehmer bleibt stur bei Behauptungen, die in Widerspruch zu den Informationen anderer stehen.

....

....

Vergleichen Sie Ihre Antworten mit den Vorschlägen auf S. 190

ma abschweift. Im letztgenannten Fall braucht es oft besonderes Fingerspitzengefühl: Manche Leute hören sich einfach gerne reden und kommen vom Hundertsten ins Tausendste, nur weil sie nicht aufhören wollen. Sie können mit der Frage, ob ihre Ausführungen zum Thema der Diskussion abgeschlossen sind, »zurückgepfiffen« werden. Handelt es sich dagegen um einen Teilnehmer, der offensichtlich Mühe hat, frei zu sprechen und seine Gedanken auszudrücken, wird der Diskussionsleiter mehr Geduld zeigen und versuchen, den Zusammenhang mit dem Thema herzustellen.

Der Diskussionsleiter hat natürlich das Recht, seine eigene Meinung bekanntzugeben. Um die andern nicht zu beeinflussen und das Gespräch nicht von Anfang an zu ersticken, empfiehlt es sich aber, daß er diese Meinung nicht gleich zu Beginn, als Einleitung darlegt, sondern erst im weiteren Verlauf.

Bei der Leitung der Diskussion muß er sich bemühen, den Vertretern aller Meinungen gleichermaßen Gehör zu verschaffen, und nicht zuzulassen, daß die Teilnehmer, die mit seinen eigenen Ansichten übereinstimmen, ausgiebiger und ungestörter zu Wort kommen. Er oder sie kann auch die Beiträge hinterfragen und sachliche Bemerkungen anbringen.

Viele Leute empfinden es als sehr unangenehm, wenn in einer Diskussion eine *Pause* eintritt. Eine solche Unterbrechung kann sich aber durchaus positiv auswirken, indem plötzlich noch neue Gesichtspunkte ins Gespräch kommen. Dauert das Schweigen über längere Zeit an, faßt der Diskussionsleiter die bisher erzielten Ergebnisse kurz zusammen und verweist auf die noch offenen Punkte.

Auch zum *Abschluß* der Diskussion zieht der Leiter kurz Bilanz. Dabei muß er sich – wie die andern Teilnehmer auch – klar sein, daß das Ergebnis einer Diskussion keineswegs eine einheitliche Meinung zu sein braucht. Je nach Thema kann die Bilanz auch darin bestehen, daß die verschiedenen Standpunkte aufgezeigt werden. Auch hier muß sich der Diskussionsleiter davor hüten, seine eigene Meinung besonders herauszustellen.

Vielen fällt das Sprechen schwer

Auch in kleineren Gruppen finden sich oft Teilnehmer, die sich selten oder nie zu Wort melden. Sie haben Angst davor, ihre Meinung frei zu äußern oder sich nicht richtig ausdrücken zu können.

Grundsätzlich gilt, daß keiner zum Sprechen gezwungen werden sollte. Anfangsängste können besser abgebaut werden, wenn wir jeden Teilnehmer bitten, sich über ein bestimmtes Gebiet Informationen zu beschaffen.

Wenn jemand als »Experte« sprechen kann, wenn er den andern Kenntnisse weitergibt, die sie benötigen, tritt die Sache, das Thema in den Vordergrund, und die Angst wird vergessen. Durch häufige, sachliche Diskussionen nimmt die Übung im Sprechen und Formulieren zu.

Die eigene Meinung sagen, die Meinung der anderen respektieren

Im Gespräch gelten die gleichen Grundsätze wie beim Lesen und Zuhören: Wir wollen kritisch bleiben und zwischen Tatsachen und Meinungen unterscheiden. Dies gilt für unsere eigenen Äußerungen: wir bemühen uns, Gründe für unsere Behauptungen anzugeben und klarzumachen, ob es sich um eine Vermutung unsererseits oder um eine gesicherte Erkenntnis handelt. Es gilt aber auch für die Prüfung der Beiträge anderer: Bevor wir unsere Meinung ändern, fragen wir uns, ob die Argumente wirklich stichhaltig sind.

Das Bedürfnis nach Übereinstimmung in einer Gruppe ist sehr groß (vgl. S. 147). Wenn sich alle anderen Teilnehmer einig sind, ist es für den Einzelnen schwer, seine abweichende Meinung aufrechtzuerhalten. Oft stimmt er – wider besseres Wissen – zu, um mit seiner Ansicht nicht allein zu sein.

Auf der andern Seite gibt es viele Leute, die eine Diskussion mit einem Machtkampf verwechseln, oder einem Wettbewerb mit Siegern und Besiegten. Sie verknüpfen ihr Selbstwertgefühl mit der Frage, ob sie die andern dazu bringen können, auf ihre Meinung umzuschwenken, ereifern sich und werden ausfallend, wenn ihnen dies nicht gelingt. Sie würden es als Demütigung empfinden, wenn sie zugeben müßten, daß ihnen bestimmte Informationen tatsächlich nicht bekannt waren und sie bei ihren Behauptungen von unzureichenden Kenntnissen ausgegangen sind. Eher als angesichts neuer, überzeugender Argumente ihren Standpunkt aufzugeben, werden sie persönlich, ziehen die andern ins Lächerliche oder verlagern die Diskussion auf ein anderes Gebiet.

Eine lebhafte, engagierte Diskussion kann sehr anregend sein; wenn Teilnehmer wütend werden oder beleidigend reagieren, bleibt aber nur Unbehagen und Verstimmung. Es geht nicht mehr um die Sache, sondern um das persönliche Prestige.

Eine solche Entwicklung läßt sich zwar nicht immer vermeiden, kann aber von einem geübten Diskussionsleiter rechtzeitig erkannt und entschärft werden. Er achtet darauf, daß die Höflichkeitsformen gewahrt werden und die Argumente sachlich bleiben, und baut notfalls Brücken wie »offenbar fehlen uns hier noch Informationen, die eine Entscheidung ermöglichen. Könnten Sie sich bereit erklären, diese bis zur nächsten Zusammenkunft zu beschaffen?«

Gefühle sind wichtig

In manchen Diskussionen stehen die Gefühle der Teilnehmer im Vordergrund: wenn wir beispielsweise über Konflikte sprechen, über Probleme, die sich bei der Zusammenarbeit ergeben, über unsere Empfindungen bei bestimmten Verhaltensweisen anderer, über unsere Betroffenheit über ein Ereignis, eine Entwicklung.

Aber auch wenn es um ein Sachthema geht, spielen die Gefühle in jeder Diskussion eine wichtige Rolle. Kein Mensch reagiert nur mit dem Verstand; in jedem Gespräch sind die Gefühle mitbeteiligt: Die Sympathien oder die Abneigung, die wir andern Teilnehmern entgegenbringen, unser Wunsch, von der Gruppe akzeptiert zu werden, die Angst, abgelehnt zu werden, etwas Falsches zu sagen oder nicht alles zu verstehen, und viele andere Gefühle beeinflussen unsere Wahrnehmung und unser Verhalten. Wenn wir sie nicht unterdrücken, gelingt es uns eher, zwischen unseren Gedanken zum diskutierten Thema und den Gefühlen, die sich aus der Situation ergeben, zu trennen. »Dieser Vorschlag hat keine Chance, akzeptiert zu werden« ist eine bequeme Art, eine Idee zu blockieren; die ehrliche Aussage müßte vielleicht lauten: »Ich kann mich zur Zeit mit diesem Vorschlag nicht auseinandersetzen, weil es mir immer noch zu schaffen macht, was Sie vorher gesagt haben. Ich würde gerne nochmals auf diesen Punkt zurückkommen, bevor wir uns mit dem nächsten Thema befassen.«

Die Gefahren der Einigkeit

Für manche Diskussionsteilnehmer bedeutet es ein Problem, wenn sie die andern mit ihren Argumenten nicht überzeugen können. Aber auch der gegenteiligen Gefahr muß man sich bewußt bleiben: Der Gefahr zu großer Einigkeit.

Zweifellos ist es sehr beruhigend zu wissen, daß andere Menschen unsere Ansichten teilen; eine Diskussion, in der alle zu übereinstimmenden Erkenntnissen gekommen sind, wird mit einem Gefühl der Befriedigung abgeschlossen. Dabei müssen wir uns aber im Klaren sein, daß die bloße

Check-list
Prüfen Sie bei Ihren Gruppendiskussionen, ob folgende Bedingungen gegeben sind:

	Ja	Nein
Die Diskussion ist vorbereitet. Den Teilnehmern ist das Ziel der Diskussion vorher bekannt und sie setzen sich schon vorher mit dem Thema auseinander		
Die Zahl der Teilnehmer beträgt 5–8		
Die Teilnehmer sind gleichberechtigt		
Die Beiträge sind kurz, verständlich formuliert; Abschweifungen werden vermieden		
Die Teilnehmer hören einander zu und lassen sich ausreden		
Die Teilnehmer stehen zu ihren Ansichten, respektieren aber auch die Meinungen der anderen		
Der Diskussionsleiter führt ein, erteilt das Wort, faßt zusammen, achtet darauf, daß die geplanten Punkte besprochen werden		
Keiner wird zum Sprechen gezwungen, aber jeder angehört		
Ein Protokollführer hält den Verlauf der Diskussion oder die gefaßten Beschlüsse fest		
Das Thema steht im Mittelpunkt, die Teilnehmer bleiben sachlich. Gefühle werden nicht unterdrückt, sondern ausgesprochen, wenn sie den Verlauf der Diskussion beeinflussen		
Die Teilnehmer bleiben kritisch und sind sich der Gefahr einer vorschnellen Einigung bewußt		

Tatsache, daß eine Anzahl Menschen die gleiche Meinung hat, diese noch nicht zur unumstößlichen Wahrheit macht. Wir neigen dazu, jene Zeitungen und Bücher zu lesen, die unsere eigenen Überzeugungen zum Ausdruck bringen, und uns einen Kreis von Gleichgesinnten zu suchen. Wenn wir auf diese Weise unsere Meinungen durch Lektüre und Diskussionen laufend bestätigen, wird daraus schließlich eine »Gewißheit«, die wir nicht mehr in Frage stellen.

Nun gibt es natürlich Erkenntnisse oder auch Überzeugungen, die nicht ständig in Zweifel gezogen werden müssen. Oft läßt sich aber beobachten, daß sich eine Gruppe von Menschen zusammenfindet, die die gleichen Vorurteile (»Die Asylanten aus XY sind arbeitsscheu und berechnend«, »Die Einwohner von YZ sind dumm und schmutzig«) haben. Während sich jeder für sich allein durchaus bewußt ist, daß seine Informationen ungenügend sind, daß er aufgrund beispielsweise eines einzelnen unangenehmen Erlebnisses urteilt, führt die Übereinstimmung mit andern dazu, daß dieses Bewußtsein verloren geht. Es werden nicht nur keine neuen Informationen mehr gesucht, man versucht im Gegenteil, sich gegen Informationen, die nicht mit dem in der Gruppe gebildeten Vorurteil übereinstimmen, abzuschirmen. Kein Zweifel an der Richtigkeit der gemeinsamen Meinung ist mehr erlaubt.

Zusammenarbeit und Lerngruppen

- Wie organisieren wir eine Lerngruppe?
- Welche Probleme können entstehen?
- Gibt es Regeln für eine erfolgreiche Zusammenarbeit?
- Wie gehen wir mit Konflikten um?
- Wie arbeiten wir mit dem Lehrer zusammen?

....

....

Soll ich in einer Lerngruppe arbeiten?

Wie bereits erwähnt (vgl. S. 149), können manche Arbeiten besser allein erledigt werden, während sich bei andern die Zusammenarbeit in Gruppen bewährt. Am besten ist beim Lernen deshalb ein Wechsel zwischen Einzel- und Gruppenarbeit: Jeder arbeitet sich zunächst allein in ein Gebiet ein. In der anschließenden Diskussion werden die Kenntnisse vertieft, offene Fra-

Karin hat einen Studienplatz in einer anderen Stadt bekommen. Die meisten Vorlesungen sind Großveranstaltungen. Sie kennt noch kaum andere Studenten.
Florian ist an der Oberstufe des Gymnasiums. Keiner seiner früheren Klassenkameraden hat die gleichen Leistungskurse gewählt wie er. Er trifft sie nur noch gelegentlich und fühlt sich als Einzelkämpfer. Gleichzeitig merkt er, daß ihm sinnvolle Lern- und Arbeitstechniken fehlen. Er kommt deshalb auf die gleiche Idee wie Karin an ihrer Uni: Unter seinen früheren Klassenkameraden und per Anschlag am schwarzen Brett sucht er einige Gleichgesinnte für eine Lerngruppe zum Thema Arbeitstechnik. Gemeinsam erstellen sie eine Liste der Bereiche, die ihnen Probleme bereiten (Zeiteinteilung, Lesen von Fachbüchern, Konzentration), und legen für jede Zusammenkunft ein Thema fest. Jeder Teilnehmer bereitet sich vor, indem er jeweils seine Hauptschwierigkeiten notiert und – aus eigener Erfahrung oder aus der Literatur – Lösungsvorschläge zusammenstellt, die sodann in der Gruppe diskutiert werden.

gen beantwortet; dann werden wieder in Einzelarbeit die Formulierungen überarbeitet, durch weitere Lektüre die entdeckten Wissenslücken geschlossen, Fragen für die nächste Gesprächsrunde zusammengetragen, usw.

Lerngruppen haben viele *Vorteile*. Einige davon wurden bereits am Anfang dieses Kapitels erwähnt (vgl. S. 146). Weitere Vorteile sind:

- Lerngruppen wirken der *Isolierung* entgegen. Für viele Studenten stellt die Anonymität in einem Massenbetrieb ein großes Problem dar. In der Gruppe können nicht nur fachliche Ziele erarbeitet, sondern auch Gedanken und Erfahrungen ausgetauscht und Probleme besprochen werden, die in der Schule auftauchen.
- Regelmäßige Zusammenkünfte in Lerngruppen helfen bei der Zeitplanung und setzen uns *Zwischenziele.*
- Lerngruppen ermöglichen mehr *eigene Aktivität.* Die Teilnehmer selbst sind es, die die Ziele setzen, die Fragen stellen und die Antworten geben.
- Die Zusammenarbeit in einer Gruppe kann die *Prüfungsvorbereitung* erheblich erleichtern; durch die Möglichkeit, sowohl schriftliche als auch mündliche Prüfungen vorher gemeinsam zu üben, kann außerdem die Prüfungsangst abgebaut werden.

Manche Lerngruppen werden nur für eine begrenzte Zeit, zum Beispiel für die gemeinsame Vorbereitung auf eine große Prüfung, gebildet; andere bestehen über Jahre hinweg, zur laufenden Vertiefung des neuerworbenen Wissens oder zur Auseinandersetzung mit der Fachliteratur.

Wenn Sie sich zu einer Lerngruppe zusammenschließen, gelten natürlich ebenfalls die erwähnten Gesprächsregeln (vgl. S. 151f.).

Am erfolgreichsten und befriedigendsten ist die Arbeit in Lerngruppen, wenn Sie sich an folgende Regeln halten:

- Die *Zahl der Teilnehmer* liegt mit Vorteil zwischen 3 und 5, ist also etwas kleiner als bei Diskussionsgruppen. Sind mehr Personen beteiligt, nimmt die Koordination viel Zeit in Anspruch und wird es auch oft schwierig, Termine zu finden, die allen passen.
- Gleich zu Beginn sollten Sie sich über die *Zielsetzungen* und die *Arbeitsweise* einigen – viele Gruppen scheitern daran, daß die unausgesprochenen Erwartungen der Teilnehmer zu stark voneinander abweichen: dem einen geht es hauptsächlich um den Kontakt, ein gemütliches Zusammensein, ein anderer möchte fachlich möglichst viel profitieren.

– Während Diskussionsgruppen von einem breiten Spektrum von Wissen und Erfahrungen profitieren, empfiehlt es sich bei der Zusammensetzung von Lerngruppen, darauf zu achten, daß die Teilnehmer einen *vergleichbaren Wissensstand* haben und ähnliche Ziele anstreben.

Gemeinsame Prüfungsvorbereitung

Viele Schüler arbeiten bei der Vorbereitung größerer Prüfungen in Lerngruppen. Bewährt hat sich dabei folgendes Vorgehen: Zuerst wird ein *Zeitplan* aufgestellt. Das zu lernende Gebiet wird in eine Anzahl Teilgebiete unterteilt; jedes Teilgebiet wird zum Thema einer Zusammenkunft. Die Gruppenmitglieder arbeiten sich zuhause in das Gebiet ein, machen sich Notizen, erstellen Zusammenfassungen und überlegen sich eine Anzahl Prüfungsfragen dazu. Beim Gruppentreffen werden die Fragen den andern vorgelegt und entweder mündlich oder – übungshalber – schriftlich beantwortet und besprochen.

Dieses Vorgehen ermöglicht nicht nur jedem Teilnehmer, rechtzeitig seine Wissenslücken zu erkennen. Es stellt gleichzeitig ein Üben der Prüfungssituation dar und hilft damit, die Angst abzubauen. Wenn wir Fragen ausfindig machen, versetzen wir uns zudem in die Lage des Prüfenden und sehen das Gebiet mit seinen Augen an. Oft werden wir dann an der Prüfung selbst erfreut feststellen, daß es sich bei vielen Fragen um »alte Bekannte« handelt.

Ausbildungsbegleitende Lerngruppen

Manche Lerngruppen bleiben während der ganzen Ausbildungszeit beisammen. Je nach Erfordernis lernen dann jeweils alle das gleiche Gebiet, um es in einer Gruppendiskussion zu vertiefen, oder es wird eine *Aufgabenteilung* vorgenommen:

Jeder Teilnehmer bearbeitet beispielsweise ein wichtiges Fachbuch; beim Gruppentreffen stellt er es den andern vor, gibt schriftliche Zusammenfassungen oder mündliche Kommentare ab und beantwortet Fragen dazu. Die anschließende Diskussion kann besonders anregend sein, wenn verschiedene Teilnehmer Bücher verschiedener Autoren zum gleichen Thema bearbeitet haben. Wichtig ist allerdings, daß die Informationen auch wirklich ausgetauscht werden – sonst ergibt sich bald ein Gespräch von »Experten«, von denen jeder nur noch den Standpunkt »seines« Autors verteidigt.

Der allgemeinen Weiterbildung kann es dienen, wenn sich die Gruppenmitglieder reihum auf ein bestimmtes Thema vorbereiten, das dann zum Inhalt einer Zusammenkunft wird. Besonders gewinnbringend ist es für den Einzelnen, wenn er ein Gebiet wählt, das für ihn wichtig ist und in dem er Wissenslücken aufweist. Natürlich können wir auch im Selbststudium Lükken schließen – besonders gründlich werden wir es aber tun, wenn wir als »Experten« vor die andern treten und unser Wissen weitergeben wollen.

Zufriedenstellend kann die Zusammenarbeit nur verlaufen, wenn wir nicht nur bereit sind einzugestehen, wo wir Probleme haben und Hilfe brauchen, sondern Hilfe auch anzunehmen.

Konflikte und Spannungen dürfen auch in Lerngruppen nicht einfach unterdrückt werden (vgl. S. 157). Es ist besser, eine Zusammenkunft dem Thema »Gruppenprobleme« zu widmen, als von unausgesprochenen Gefühlen ständig beeinträchtigt zu werden.

Zusammenarbeit mit dem Lehrer

Ist unsere Beziehung zu einem Lehrer oder zu mehreren Lehrern schlecht oder gestört, werden dadurch nicht nur unsere Leistungen, sondern auch unser Wohlbefinden, unsere Einstellung gegenüber der Schule und dem Lernen überhaupt beeinträchtigt. Es lohnt sich deshalb, nach Möglichkeiten zu suchen, um diese Beziehung zu verbessern.

Der erste Schritt besteht sicher darin, einzeln oder als Gruppe das Gespräch mit dem betreffenden Lehrer zu suchen, wenn wir uns ungerecht behandelt fühlen, überfordert, mit einem Vorgehen nicht einverstanden sind oder wenn seine Art des Unterrichtens uns nicht entspricht. Auch Lehrer brauchen Feed-back, um sich daran orientieren zu können.

Welche Schlußfolgerungen ergeben sich für mich aus diesem Kapitel?

....

Welche Aspekte will ich bei der Zusammenarbeit vermehrt berücksichtigen?

....

6. Prüfungen

Vorbereitung

- Woher weiß ich, was ich lernen soll?
- Wie lerne ich für eine große Prüfung, wie behalte ich den Überblick über umfangreiche Stoffgebiete?
- Soll ich allein oder mit andern zusammen lernen?
- Wie teile ich die Zeit ein?

- Weitere Fragen:

  ....

  ....

- Welche Probleme habe ich bei der Prüfungsvorbereitung?

  ....

  ....

  ....

Es ist kein Zufall, daß das Thema Prüfungen am Ende des Buches steht: es umfaßt alle vorangehenden Aspekte. Für die Vorbereitung einer Prüfung müssen Sie nicht nur Informationen zusammentragen (S. 111), systematisch lesen (S. 61) und auf übersichtliche Notizen zurückgreifen können (S. 80) – Sie profitieren auch von Kenntnissen über die besten Arbeitsbedingungen (S. 42), dem Wissen, welche Arbeiten gemeinsam erledigt werden können (S. 149) und einer guten Zeiteinteilung (S. 99). Gleichzeitig zeigen Prüfungen und ihr Ergebnis, ob die verwendete Lernmethode etwas taugt.

Prüfungen haben einen schrecklichen Ruf!

Vielen Leuten jagt die bloße Erwähnung des Wortes Prüfung einen kalten Schauer über den Rücken. Sie sehen das Ganze als eine grausame Veranstaltung, durchgeführt zum einzigen Zweck, Hindernisse in den Weg der Lernenden zu legen und ihnen augenfällig die Macht der Lehrer zu zeigen.

Auch wenn es schwerfällt: versuchen wir doch einmal, die Einrichtung der Prüfung nüchtern zu betrachten.

Die moderne Lernplanung fordert, daß für jeden Unterricht ein Lernziel formuliert wird. Statt einfach Wissen weiterzugeben und zu hoffen, daß die Schüler davon Gebrauch machen, muß der Lehrer klarstellen, welche Absicht er damit verfolgt. Am Schluß des Kurses muß dann natürlich geprüft werden, ob das Ziel erreicht wurde. Dies liegt sowohl im Interesse des Lehrers – er muß wissen, wie weit sein Unterricht Erfolg hatte – als auch der Schüler, die dadurch ihren Wissensstand ermitteln und gegebenenfalls ergänzen können (über die Wichtigkeit dieses »Feed-backs« wurde schon im Kapitel Lernpsychologie, S. 20, gesprochen).

Warum fällt es uns schwer, die Prüfungen einfach als Möglichkeit, unseren Standort festzustellen, zu betrachten?

Sicher vor allem deshalb, weil diese Einrichtung oft mißbraucht wird: von den Lehrern als *Machtmittel*, um müde, desinteressierte Schüler munter zu machen, sie dazu zu bringen, um der Note willen etwas zu lernen, dessen Sinn sie nicht einsehen. Und seien wir ehrlich – von den Schülern als einziger *Lernanstoß* überhaupt. Wenn wir nur der Prüfungen wegen lernen, beginnen wir diese Einrichtung, die uns vom süßen Nichtstun abhält, bald zu fürchten und zu hassen.

Es gibt vier Gründe für mißlungene Prüfungen

Gegen eine sachliche Kontrolle haben die wenigsten Leute etwas einzuwenden. Im Gegenteil – die meisten freuen sich, wenn sie ihre Fähigkeiten unter Beweis stellen können. Kaum ein Mensch, der nicht sofort zu überlegen beginnt, wenn eine Denksportaufgabe gestellt wird, kaum einer, der Intelligenztests in Zeitschriften, Wettbewerbe oder auch Kreuzworträtsel links liegen läßt. Wir nehmen die »Herausforderung« gerne an, wollen sehen, wie weit wir kommen – und gestehen meist auch freimütig die eigene Unvollkommenheit ein, wenn wir steckenbleiben.

Bei Prüfungen reagieren wir anders – zunächst sicher deshalb, weil für uns mehr auf dem Spiel steht. Meist hängt irgendetwas vom Ausgang der

Prüfung ab – und seien es nur einige Prozente unserer Zeugnisnote. Es ist für uns wichtig, auf ein gutes oder wenigstens befriedigendes Resultat zu kommen.

Viele Leute haben das Gefühl, daß sie auf den Ausgang einer Prüfung keinen Einfluß nehmen können, daß er vom Glück abhängt. Es gibt aber im Grunde genommen nur vier Ursachen für einen Mißerfolg – und gegen alle läßt sich etwas tun:

1. Ungenügende Vorbereitung
2. Prüfungsangst, die uns hindert, klar zu denken
3. Schlechte Verständigung: wir verstehen die Frage nicht richtig oder der Prüfende versteht unsere Antwort nicht.
4. Die berühmten Flüchtigkeitsfehler.

Überlegen wir uns, welche Maßnahmen wir in jedem dieser Fälle ergreifen können.

Da die Prüfung eine Kontrolle über das Erreichen der Lernziele darstellt, besteht die Vorbereitung zumeist darin, sich Kenntnisse anzueignen und anzuwenden.

Vergleichen wir uns einmal mit einem Computer: Die Vorbereitung ist der »Input«; der Computer muß nicht nur mit den erforderlichen Informationen gefüttert werden, wir müssen auch dafür sorgen, daß diese am richtigen Ort gespeichert sind und programmgemäß abgerufen werden können.

Am Anfang steht die *Orientierung*: Was wird verlangt? Dies sollten Sie nicht mühsam ausspionieren müssen, sondern vom Prüfenden beantworten lassen: Der Lernende hat einen Anspruch darauf, die Lernziele zu kennen.

Bringen Sie gleichzeitig in Erfahrung, welche Unterlagen an der Prüfung benutzt werden dürfen und auf welche Weise geprüft wird:

Werden Auswahlantworten vorgegeben, die angekreuzt werden müssen?

Beispiel
Was versteht man unter *Signallernen*?

- ☐ Lernen von in bestimmten Abständen erfolgenden Zeichen
- ☐ Verbinden zweier Ereignisse, die miteinander auftreten.
- ☐ Lernen mit Lernprogrammen oder Computern
- ☐ Gedächtnisverlust nach einem Schockerlebnis.

Werden offene Fragen gestellt, die kurz mit einem Wort, einer Zahl, einer Formel beantwortet werden können?

Beispiel
Mit welchem Namen ist die Einführung von Lernprogrammen vor allem verbunden?

____

____

Werden längere Ausführungen verlangt, die wir selbst gliedern müssen?

Beispiel
Welche Erkenntnisse der Lernpsychologie sind auf das schulische Lernen anwendbar?

____

____

Planung für eine größere Prüfung

Fach/Teilbereich	Jetziger Wissensstand Gut/Mittel/Schlecht	Noch zu bearbeiten Buch/Kapitel/Notizen/Unterlagen	Geschätzter Zeitaufwand

Claudia steht vor ihrer Biologie-Abschlußprüfung. Zur Planung benutzt sie das Formular auf S. 169. Zuerst trägt sie, aufgrund der Prüfungsbestimmungen und der Auskünfte des Lehrers, ein, welche Gebiete verlangt werden und wie sie ihren jetzigen Wissensstand beurteilt. In die nächste Kolonne schreibt sie, welche Vorbereitungsarbeiten sie durchführen will und wieviele Stunden sie dafür veranschlagt. Zum errechneten Stundentotal addiert sie eine großzügige Reserve. In einem zweiten Schritt ordnet sie die Teilbereiche bestimmten Lernzeiten zu und vereinbart mit ihrer Lerngruppe, wann sie sich zur Bearbeitung des jeweiligen Kapitels treffen. Die letzten Tage vor der Prüfung reserviert sie sich für eine Gesamtrepetition.

Lernen durch Einsicht

Werden für die Prüfung neue Kenntnisse verlangt, die wir erst erwerben müssen, versuchen wir, mit Einsicht zu lernen, von den großen Zusammenhängen auszugehen.

Zuerst gewinnen wir einen Überblick über den zu lernenden Stoff: Welche Bücher sind durchzuarbeiten, welche Vorlesungsnotizen, welche weiteren Unterlagen (vgl. Kasten S. 172 und Tabelle S. 169)? Wie Bücher zu lesen sind, daß Sie möglichst viel davon behalten, wissen Sie bereits. Gerade bei der Prüfungsvorbereitung leistet die genannte Methode wertvolle Dienste.

Übung

Ohne zurückzublättern: Welche Leseschritte wurden empfohlen?

....

....

....

....

....

Vergleichen Sie Ihre Antworten mit der Zusammenfassung auf S. 74

Gehen Sie – wo immer möglich – von einer Gliederung, einer Übersicht aus, bevor Sie sich mit Einzelheiten befassen, suchen Sie Gesetzmäßigkeiten, strukturieren Sie große Gebiete (vielleicht in einer anderen Abfolge als sie im Lehrbuch erscheint) – kurz, versuchen Sie so weit wie möglich, das Gebiet für sich sinnvoll und übersichtlich zu gestalten.

Große Gebiete bekommen wir durch Zusammenfassungen, oft auch durch graphische Darstellungen und Tabellen in den Griff. Durch das Aufstellen einer solchen Systematik machen wir Beziehungen sichtbar, die später wieder unser Gedächtnis unterstützen. Eine weitere Möglichkeit ist die bereits erwähnte Mind Map (S. 89): Sie überlegen, welches die wichtigsten Informationen sind und in welcher Beziehung sie zueinander stehen, und skizzieren diese Schlüsselwörter in einem Netz.

Versuchen Sie einmal, die wichtigsten Punkte auf einem »Spickzettel« zu notieren. Dies zwingt Sie, eine bewußte Auswahl zu treffen, Wesentliches und Unwesentliches zu unterscheiden. Außerdem beziehen Sie durch das Schreiben mehr Sinne in den Lernprozeß ein – auch dies eine Hilfe für das Gedächtnis.

Aus früheren Fehlern lernen

(s. Kasten S. 172)

Wenn regelmäßige Prüfungen stattfinden, ziehen wir unsere früheren Lösungsblätter zu Rate: Wo liegen meine Probleme? Welche Fehler mache ich immer wieder? Was sind meine besonderen Schwächen? Was könnte ich dagegen tun? Auf unsere Problembereiche legen wir bei der Vorbereitung besonderes Gewicht, befassen uns eingehend mit den entsprechenden Regeln und lassen sie uns vielleicht auch nochmals von den Kollegen oder dem Lehrer erklären.

Zeiteinteilung beim Lernen

Forschungsergebnisse, die Hinweise auf eine sinnvolle Zeiteinteilung beim Lernen geben, wurden bereits an verschiedenen Stellen dieses Buches erwähnt. Eine kurze Zusammenfassung:

Innerhalb einer gegebenen Zeitspanne ist unser Aufnahmevermögen begrenzt

→ Wir können nicht beliebig viele Einzelheiten hintereinander lernen. Wenn wir Daten oder Wörter mit unserem Lernspiel (S. 25) lernen, brechen wir nach 15–30 Minuten ab, holen es dafür öfter wieder hervor.

Max bereitet sich auf eine wichtige Französisch-Prüfung vor. Als erstes nimmt er die letzten 10 Französisch-Prüfungen zur Hand, die er geschrieben hat, und erstellt eine Fehlerstatistik:

Prüfungsdaten	7.2.	21.2.	6.3.	20.3.	15.4.	29.4.	13.5.	27.5.	10.6.	24.6.
Falsches Wort	///	/	//	/	////	//	//	/	///	//
Falsches Hilfsverb		//	/			/			/	
Falsche Endung			/				/			
Falsche Zeitform	/					/				
Konjunktiv		/							/	
Indirekte Rede			/							/
Frageform						/				
Falsch geschrieben			//				/			//
Falsche Präposition		/						/		
Falscher Satzbau				/						
....										

Nachdem er festgestellt hat, daß er in der Grammatik wenig Probleme hat, sein Wortschatz aber oft nicht ausreicht, bemüht er sich gezielt um eine Erweiterung. Er fertigt sich ein Lernspiel an (vgl. S. 25), besorgt sich einige spannende französische Bücher und hört regelmäßig einen französischen Sender.

Mehr als 6 – 8 Stunden pro Tag kann man nicht lernen

→ Wir fangen frühzeitig mit Lernen an und planen regelmäßige Lernetappen ein, um nicht in Zeitdruck zu kommen.

Die Konzentrationsfähigkeit ist Schwankungen unterworfen

→ Nach einiger Zeit konzentrierten Lernens (wie lange diese Zeitspanne sein kann, hängt sowohl vom Gebiet als auch von individuellen Voraussetzungen ab) schalten wir eine Pause ein. Wir wechseln zudem bewußt zwischen Lesen und

Schreiben, Aufnehmen und Wiederholen, zwischen Routinearbeiten und anspruchsvollen Aufgaben.

Die erste Zeit nach dem Lernen ist kritisch

→ Neu gelernte Inhalte wiederholen wir am nächsten Tag, nach einer Woche und – bei längerfristigen Prüfungen – nach einem Monat nochmals kurz, um sie besser im Gedächtnis zu verankern.

Eine einzelne Lernetappe kann somit folgendermaßen aussehen:

Wiederholen des Stoffes der Vorwoche
Wiederholen des Stoffes des Vortages
Neulernen
Zusammenhänge herstellen
Vorbereiten für den nächsten Tag, Lernziele setzen

Zeitplan für die Prüfungsvorbereitung

Fach: Prüfungsdatum:

	Geplante Lernzeiten	
	Datum	Zeit
Teilgebiet 1		
Gruppentreffen		
Ergänzung und Wiederholung 1		
Teilgebiet 2		
Gruppentreffen		
Ergänzung und Wiederholung 2		
Teilgebiet 3		
Gruppentreffen		
Ergänzung und Wiederholung 3		
Teilgebiet 4		
Gruppentreffen		
Ergänzung und Wiederholung 4		
Gesamtwiederholung		

Prüfungsangst

- Warum habe ich Angst vor Prüfungen?
- Wieviel Angst ist normal?
- Was kann ich gegen Prüfungsangst tun?

....

....

Raubt Ihnen die Aussicht auf die nächste Prüfung den Schlaf? Unterstützen Sie die chemische Industrie in diesen Zeiten nach Kräften, indem Sie nacheinander Beruhigungstabletten, Aufputschmittel und Tropfen zur Stärkung der Geisteskraft schlucken?

Was über das Lampenfieber vor dem Halten eines Vortrages gesagt wurde, gilt auch für die Prüfungsangst: Ein wenig aufgeregt sind die meisten Leute in einer solchen Situation. Dies schadet auch nicht, bringt sie höchstens dazu, sich noch etwas besser vorzubereiten.

Unangenehm wird es auch hier erst, wenn wir während der Prüfung einen »Vorhang« haben, wenn das gelernte und beherrschte Wissen in der Prüfungssituation plötzlich wie weggeblasen ist. Um auf den Vergleich mit dem Computer zurückzukommen: Prüfungsangst wird dann zum Problem, wenn sie einen »Absturz« bewirkt, wenn es uns einfach »abstellt«.

Eine solche lähmende Angst gilt im Grunde genommen nicht mehr der Prüfung. Sie ist vermutlich in Kindheitserlebnissen begründet, in der Angst des Schülers, von seinen Eltern oder seiner Umwelt nur bei guten Leistungen akzeptiert zu werden. Je größer aber die Angst ist, desto größer ist auch die Wahrscheinlichkeit eines Mißerfolgs in der Prüfung – was wiederum die Angst vor der nächsten Prüfung erhöht.

Prüfungsangst quält auch noch viele Erwachsene. Es ist deshalb wichtig, daß wir nicht in diesen Teufelskreis geraten oder – falls wir bereits darin stecken – uns daraus befreien. Verdrängen und Ausweichen ist keine Lösung, da die Ängste im entscheidenden Augenblick dennoch durchbrechen. Manchmal helfen Elemente der Suggestopädie, die Lernenden von »ich kann nicht« zu »ich schaffe es« umzuprogrammieren. Auch Entspannungsübungen, Selbsthilfegruppen oder Psychotherapie werden bei starken Ängsten empfohlen. Einstellungen und Haltungen, die während langer Kindheitsjahre aufgebaut wurden, lassen sich nicht einfach durch Einsicht und gute Ratschläge rückgängig machen. Der Betroffene muß sich neu orientieren, langsam lernen, daß er um seiner selbst willen, und nicht aufgrund von Prüfungsresultaten geschätzt wird.

Im Normalfall aber, bei einer »Durchschnittsangst« läßt sich durchaus einiges tun, um unsere Nervosität zu vermindern. Der erste Schritt dazu besteht in einer *realistische Einschätzung* der Lage. Die Prüfung stellt eine Kontrolle unseres Könnens dar. Wollen wir gut abschneiden, sorgen wir dafür, daß wir etwas vorzuweisen haben.

Handelt es sich um unser Problemfach, tun wir unser Möglichstes, erwarten aber keine Wunder. Vielleicht sind wir in Physik noch nie über ein »ausreichend« hinausgekommen. Wenn wir für die nächste Prüfung eine ausgezeichnete Note erwarten, werden wir bereits eine gute als Mißerfolg werten. Bemühen wir uns jedoch, durch zusätzlichen Einsatz sowie Erklärungen des Lehrers und von Kollegen, einige Gesetze endlich zu begreifen, und hoffen dann auf ein »befriedigend«, wird die gleiche gute Note für uns ein Triumph sein, der unsere Einstellung zum Fach (und zu uns selbst) ändern kann.

Unnötiger Streß entsteht, wenn wir die Wichtigkeit der Prüfung überschätzen, wenn wir uns durch wochenlanges einsames Büffeln zu starr darauf ausrichten.

Aber Sie kennen ja bereits die Bedeutung der Planung und wissen, daß eine gute Zeiteinteilung einen ausgewogenen Tagesablauf ermöglicht. Sie wissen auch, daß Sie mehr profitieren, wenn Sie nach einigen Lernstunden wieder einmal abschalten, einen Spaziergang machen, Ihr Hobby pflegen, sich mit Freunden treffen. Dann vergessen Sie auch nicht, daß die Welt nicht nur um Ihre Prüfung kreist. Sorgen Sie auch bei den Vorbereitungen für genügend Schlaf und ruhige Mahlzeiten – das Weiterführen des normalen Lebensrhythmus trägt viel zur Beruhigung Ihrer Nerven bei. Sind Sie der Ansicht, daß Sie einfach nur nachts Zeit zum Lernen haben, erstellen Sie sich einen detaillierten Wochenplan.

Medikamente gegen Prüfungsangst

Erinnern Sie sich an die gegen Lampenfieber bei Vorträgen empfohlenen »Medikamente«? Sie gelten ebenfalls für die Prüfungssituation. So lassen sich auch Prüfungen *üben:* Vereinbaren Sie mit Kollegen, gegenseitig einige Fragen zusammenzustellen (oder tun Sie dies notfalls selbst) und versuchen Sie sie innerhalb einer bestimmten Zeit zu beantworten. Auch mündliche Prüfungen lassen sich auf diese Weise üben, indem Sie Ihre Gedanken zu einem gestellten Thema ordnen und systematisch vortragen. So lernen Sie, auch unter Zeitdruck konzentriert zu arbeiten, und erlangen die Gewißheit, daß Sie über die verlangten Kenntnisse verfügen.

Das zweite »Medikament« lautet auch bei Prüfungen »sich selbst und die Prüfung nicht zu wichtig nehmen«.

Fragen wir uns sachlich:

Was hängt von der Prüfung ab?
→ Steht wirklich so viel auf dem Spiel oder kann sie schlimmstenfalls wiederholt werden?

Muß ich eine Höchstnote erzielen?
→ Oder zählen Erfahrungsnoten und andere Prüfungen, so daß ich bereits ein Sicherheitspolster habe?

Erwarte ich Wunder?
→ Oder bin ich ausreichend vorbereitet, um zumindest auf ein ausreichendes Resultat zu kommen?

Muß ich unbedingt die/der Beste sein?
→ Oder hängt mein Selbstwertgefühl nicht von einer Note ab?

Wenn wir schon von Medikamenten sprechen: es geht auch ohne chemische Industrie. Viele Studenten können vor Prüfungen einfach deshalb nicht mehr schlafen, weil ihr Körper einerseits durch das viele Rauchen und Kaffeetrinken überreizt, andererseits durch das ständige »Stubenhocken« einfach nicht ermüdet ist. Körperliches Training oder auch ein langer Spaziergang vor dem Schlafengehen können Wunder wirken.

Keinesfalls sollten wir am Vorabend der Prüfung noch bis in die Nachtstunden lernen. Wir planen unsere Vorbereitung so, daß wir auch mit der Gesamtrepetition rechtzeitig fertig werden und uns am Vorabend nicht mehr mit der Prüfung befassen müssen.

Seit Wochen bereitet sich Andreas auf die große Prüfung vor. Er bemüht sich um eine gute Zeitplanung: täglich lernt er etwa sechs Stunden, legt dazwischen Pausen ein, treibt Sport, trifft sich gelegentlich mit Kollegen und fühlt sich insgesamt gut vorbereitet. Nachts hat er jedoch Probleme. Er liegt wach, denkt über mögliche Prüfungsfragen nach und bemüht sich gleichzeitig verzweifelt, einzuschlafen. »Wenn ich zuwenig schlafe, bin ich an der Prüfung nicht leistungsfähig«, denkt er. Je krampfhafter er sich bemüht, desto schlechter schläft er. Erst als er von Forschungsergebnissen hört, daß Schlafmangel zwar unangenehm ist und sich auf die Stimmung auswirkt, daß aber bei guter Motivation kein Leistungsabfall bei anspruchsvollen Tätigkeiten nachzuweisen ist, kann er sich wieder entspannen – und schläft viel besser.

Für die weitere Beruhigung der Nerven hat jeder sein eigenes Rezept. Der eine erholt sich bei Kerzenlicht und guter Musik, der andere bei einem warmen Bad oder bei einer Liebesgeschichte mit Happy-End. Sollte dies alles nichts nützen, versuchen Sie einmal Entspannungsübungen, wie z.B. das autogene Training (vgl. S. 49).

Nach diesen Rezepten werden Sie am Prüfungstag frisch und mit ausgeruhtem Kopf erscheinen und können auch auf Aufputschmittel verzichten.

Ein Tip: Vor allem in der letzten Stunde vor Beginn der Prüfung versuchen die lieben Kollegen gerne, Sie durch haarsträubende Geschichten von früheren Examen oder durch Erfinden besonders kniffliger Fragen in Panik zu versetzen. Setzen Sie sich deshalb mit Kollegen nur dann zusammen, wenn Sie noch Zeit haben, die in der Diskussion aufgedeckten Lücken zu stopfen. Kurz vor der Prüfung nützt es nichts mehr!

Sind meine Fragen beantwortet?

....

Welches Verhalten will ich ändern?

....

....

Verhalten während der Prüfung

- Wie zeige ich bei einer längeren Antwort am besten, daß ich das Gebiet beherrsche und den Überblick über die wichtigsten Inhalte habe?
- Wie verhindere ich, daß ich vom Korrigierenden mißverstanden werde?
- Wie teile ich meine Zeit während einer schriftlichen Prüfung ein?
- Welche Regeln gelten für mündliche Prüfungen?

....

....

Die Kommunikation ist wichtig

Die Prüfung hat begonnen, die Fragen sind bekanntgegeben worden. Läßt sich jetzt noch etwas tun? Kommt es nicht lediglich darauf an, ob wir das Richtige gelernt haben?

Wissen allein genügt nicht – wir müssen dieses Wissen auch richtig weitergeben können. Dies scheint eine Binsenwahrheit zu sein – und doch liegt hier die Ursache für viele schlechte Noten. »Ich habe es schon richtig gemeint«, klagen dann die Geprüften.

Wie erzielen wir die *optimale Kommunikation?* Sicher, indem wir zunächst sicherstellen, daß wir jede Frage richtig verstehen und notfalls zusätzliche Erklärungen verlangen. Dann, indem wir uns bemühen, unsere Antwort zu strukturieren. Besteht die Lösung in einem Wort, einer Zahl, einer Formel, ist dies natürlich weder nötig noch möglich. Wird aber ein Aufsatz oder eine längere Beschreibung verlangt, tun wir gut daran, auf einem Notizblatt zuerst alle wichtigen Stichworte aufzuschreiben, die beste Reihenfolge zu überlegen, und dann erst mit der Antwort zu beginnen. Wenn wir gleichzeitig noch Titel anbringen, Absätze nach jedem Problemkreis einfügen, Wichtiges unterstreichen – verstärkt sich für den Korrigierenden der Eindruck, daß wir das Gebiet wirklich überblicken.

Zur Kommunikation gehört natürlich auch, daß wir leserlich schreiben. Dies ist erstens rücksichtsvoll, schützt zweitens vor Mißverständnissen und verhindert drittens, daß wir den Korrigierenden verärgern und gegen uns einnehmen.

Bei *mündlichen* Prüfungen ist eine objektive Beurteilung oft schwierig. Hinterlassen Sie nicht den Eindruck, nur wirr und unzusammenhängend geredet zu haben: Statt einfach sofort nach Verklingen der Frage dem Experten alle Details an den Kopf zu werfen, die im entferntesten mit dem Problem zu tun haben könnten, vergewissern Sie sich auch hier, daß Sie die Frage richtig verstanden haben. Sie überlegen kurz und beginnen, falls eine längere Antwort verlangt wird, mit einem Überblick. Dadurch gewinnen Sie erstens Zeit, und zweitens wird Ihr Vorgehen systematisch. Sie können nach dieser Einleitung immer noch mit dem Teilgebiet beginnen, das Sie am besten beherrschen. Vielleicht ist dann Ihre Zeit schon um, bevor Sie zu den gefährlichen Klippen kommen ...

Die Zeit ist meist beschränkt

Für viele Prüflinge besteht das Hauptproblem darin, daß sie unter Zeitdruck arbeiten müssen. Sie verwenden viel Zeit, um ausführlich auf eine Frage, die ihnen besonders liegt, einzugehen, und schaffen es dann nicht mehr, alle andern zu beantworten.

Sabine ist eine versierte »Arbeitstechnikerin«: In Prüfungen stellt sie ein *Zeitbudget* auf. Zählen alle Fragen gleich viel, teilt sie die zur Verfügung stehende Zeit (abzüglich einiger Minuten für das Durchlesen am Schluß) durch die Anzahl Fragen. Werden die Fragen unterschiedlich bewertet, erfordern sie teils längere Ausführungen, teils lediglich einige Stichworte, räumt sie natürlich für die wichtigen entsprechend mehr Zeit ein. Gegenüber diesem Plan darf sie nun nicht in Rückstand geraten. Ist sie nach Ablauf der für die Frage einkalkulierten Zeit mit dem Problem noch nicht fertig, läßt sie Platz offen und löst zuerst die anderen Aufgaben. Sie hat die Erfahrung gemacht, daß es besser ist, wenigstens alle Fragen in Angriff genommen zu haben, als nur einen Teil ausführlich beantwortet zu haben.

Nicht nur aus zeitlichen Gründen ist es wenig empfehlenswert, sich in eine Aufgabe zu »verbeißen«: Wenn wir ein Problem auf dem eingeschlagenen Weg trotz aller Bemühungen nicht lösen können, brauchen wir oft etwas Distanz (vgl. S. 59). Kehren wir im Bewußtsein, einen Großteil der Aufgaben erledigt zu haben, zu der Knacknuß zurück, fällt es uns oft »wie Schuppen von den Augen«. Die Beschäftigung mit anderen Fragen läßt uns plötzlich neue Aspekte sehen.

Wenn möglich bringen wir bei Prüfungen erst die »Sicheren« unter Dach. Erstens beruhigt dies die Nerven und stärkt unser Selbstvertrauen. Zweitens haben wir anschließend einen besseren Überblick darüber, wie wir mit dem Zeitbudget stehen.

Manchmal muß die vorgegebene Reihenfolge eingehalten werden. Aber auch dann bleibt uns die Möglichkeit, Platz offen zu lassen und uns zuerst den »alten Bekannten« zu widmen.

Flüchtigkeitsfehler sind kein Alibi

»Das Problem habe ich schon richtig gesehen«, berichten manche Durchgefallene voll Stolz, »ich habe nur Flüchtigkeitsfehler gemacht«. Damit glauben sie, ihre »Ehre« wieder herzustellen.

Flüchtigkeitsfehler zählen meist nicht weniger als andere – sie lassen sich nur leichter vermeiden.

Wann neigen wir zu Flüchtigkeitsfehlern?

Wenn wir unter Zeitdruck sind.

→ Dagegen hilft das erwähnte Zeitbudget

Wenn wir nervös sind. Wir haben unsere Nerven bis zu Beginn der Prüfung unter Kontrolle gehalten. Jetzt erhalten wir plötzlich Aufgaben gestellt, mit denen wir nicht gerechnet haben.

→ Ruhig Blut bewahren, die leichteren zuerst erledigen, die Knacknüsse auf den Schluß aufsparen. Dazwischen einmal kurz den Schreibstift weglegen, die Augen schließen und tief durchatmen.

Wenn wir unserer Sache allzu sicher sind. Wir haben die Fragen so gut vorausgesehen, sind so gut vorbereitet, daß wir alle Angst verlieren, sorglos werden und über Nebensächlichkeiten stolpern.

→ Laufen Sie auch ein sicheres Rennen im Galopp zu Ende!

Müssen wir an der Prüfung einen Aufsatz schreiben, einen Überblick über ein weites Gebiet geben, sind Flüchtigkeitsfehler kaum möglich. Am häufigsten sind sie auf mathematischem Gebiet zu finden, wo sich gerne banale Rechen- und Stellenfehler einschleichen, sowie im sprachlichen Bereich.

Auf mathematischem Gebiet können wir uns gegen sie schützen, indem wir uns angewöhnen, jedes Ergebnis zuerst zu schätzen. Muß eine komplizierte, mehrstufige Rechnung mit langen Zahlen gelöst werden, versuchen wir sie erst an einem Modell mit einfachen Zahlen. Wir sehen dann, in welcher Relation das Ergebnis zur Anfangszahl stehen muß.

Gegen sprachliche Flüchtigkeitsfehler hilft eine Analyse früherer Prüfungen: Wo liegen unsere Schwierigkeiten, welche »dummen« Fehler begehen wir immer wieder? In diesem Bereich ist es auch besonders wichtig, daß wir noch genügend Zeit für das Durchlesen haben. Dabei achten wir besonders auf Orthographiefehler, auf fehlende Übereinstimmungen, falsche Endungen und dergleichen.

Viel Glück bei Ihrer nächsten Prüfung!

Sind Ihre Fragen beantwortet?

....

....

Was wollen Sie bei der nächsten Prüfung anders machen?

....

....

Was hat das Buch für mich gebracht?

....

....

Welche Verhaltensweisen will ich ändern?

....

....

Welche Fragen blieben offen?

....

....

Anhang

Lösungsvorschläge

Es sind immer mehrere Lösungen möglich. Alle hier aufgeführten Vorschläge stellen lediglich Beispiele und Anregungen dar.

Lerntabelle		
Lerngesetz Lernvoraussetzung	Auswirkungen	Folgerungen für den Lernenden
1. Signallernen	Frühere Erfahrungen werden mit Lernsituationen verbunden	Prüfen, worauf Ängste und Widerstände zurückzuführen sind
2. Lernen am Erfolg	Gelernt wird, was zu wünschenswerten Ergebnissen führt	Bestätigung (Lob, Erfolg) sind wichtig für das Lernen
3. Aufbau und Gliederung	Leichteres Lernen in kleinen Schritten von gegebenem Wissensstand	Eigenes Lerntempo, systematischer Aufbau
4. Soziales Lernen	Vorbilder, Verhalten anderer werden nachgeahmt	Lernen in Gruppen
5. Kognitives Lernen	Lernen durch Einsicht in Zusammenhänge, Strukturen	Von Zusammenhängen, Übersicht ausgehen, Beziehungen herstellen, verknüpfen
6. Eigene Aktivität	Eigenes Tun fördert das Lernen	Eigene Gliederungen, Tabellen, Zeichnungen herstellen
7. Zeiteinteilung	Mehrere kürzere Lernetappen führen zu besseren Leistungen	Rechtzeitig Pausen einschalten, Wechsel der Tätigkeiten
8. Gedächtnishemmungen	Die Aufnahmefähigkeit ist begrenzt	Nicht zuviel Stoff auf einmal, wiederholen
9. Lerntypen	Es gibt verschiedene Lernwege und Lerntypen	Eigenen Lerntypus erkennen, anwenden
10. Motivation	Einstellung zum Lernen und zum Stoff spielt eine wichtige Rolle	Klarwerden über eigene Ziele und Motive

Pausenverteilung	
Art der Tätigkeit	**Art und Dauer der Pausen**
Notizen überarbeiten	Kurzpause, 1 Minute abschalten
Prüfung vorbereiten	Aufstehen, etwas trinken, 15 Minuten
Vokabeln lernen	Kurzpause, 1 Minute abschalten
Aufsatz fertigschreiben	Zwischendurch einmal aufstehen, Lockerungsübung

Verteilung der Mahlzeiten

- Gutes Frühstück
- Getränk, Obst in der Mitte des Vormittages
- Nicht zu üppiges Mittagessen
- Getränk, kleine Zwischenverpflegung in der Mitte des Nachmittages
- Hauptmahlzeit am Abend

Fragen zum Kapitel »Lernen im Unterricht«

- Ist Zuhören für mich ein Problem?
- Wann kann ich diese Ratschläge anwenden?
- Unterscheidet sich die vorgeschlagene Art des Mitschreibens von meiner bisher verwendeten Technik?
- Lohnt es sich, eine Notizentechnik zu erlernen?
- Welche Rolle spielt die Motivation beim Zuhören und Mitschreiben?
- Ist eine Überarbeitung der Notizen notwendig? usw.

Lesetext

1. Die Rede ist sowohl von den im Text enthaltenen Wissensstrukturen als auch von den Wissensstrukturen im Kopf des Lesers.
2. Die Zielsetzungen des Lesers steuern die Aufnahme und das Verstehen.

3. Ein Text wird verstanden, wenn die Inhalte in das bereits vorhandene Wissen des Lesers eingefügt werden können.
4. Die aufsteigende Verarbeitung wird durch die Textinhalte ausgelöst.
5. Die absteigende Verarbeitung wird durch das Vorwissen und die Zielsetzungen des Lesers gesteuert.

Zusammenfassende Skizze

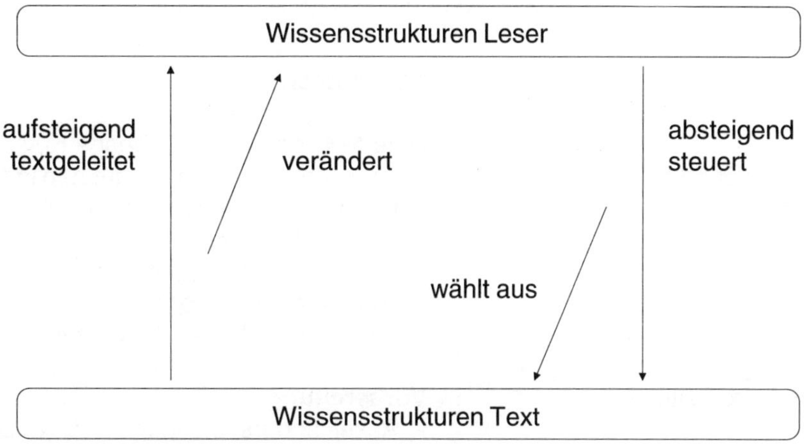

Zusammenfassung Lesen			
Leseziel	**Lesevorbereitung**	**Form der Notizen**	**Lesenachbereitung**
Lernen aus Büchern	Überblick gewinnen Fragen stellen	Lose Blätter Markierungen	Zusammenfassungen Verweise
Klärung bestimmter Fragen	Leseziel festlegen Auswahl der Texte	Karteikarten	Vergleich verschiedener Informationen, Prüfung, ob Fragen beantwortet sind
Kritische Auseinandersetzung	Wahl der Quellen Gezielte Fragen	Skizze Karteikarten	Kritische Prüfung der Informationen, Gegenüberstellung
Vorbereitung einer größeren Arbeit	Aufbau erstellen, systematische Informationsbeschaffung	Karteikarten Tabellen Skizzen	Prüfung auf Vollständigkeit, Gliederung

Notizentechnik

B	R. Schräder-Naef 24.9.91
	Notizentechnik
Kriterien für gute Notizen	Gute Notizen erfüllen folgende Kriterien: – übersichtlich, leserlich, gut gegliedert – flexibel einzuordnen, klar beschriftet (Quelle) – gute Prüfungsgrundlage – deutliche Trennung zwischen Vortrag und eigenen Anmerkungen – können ergänzt werden – enthalten wichtigste Informationen
Vorbereitung	**Vorbereitung** – Auseinandersetzung mit Thema, Durchsicht früherer Notizen – Lernziel
Schreiben	**Wichtigste Inhalte** – Nicht zu viel, nicht zu wenig – Aufbau, Gliederung festhalten – Hauptaussagen (wer, wo, was, wie, warum) – Namen, Daten, Literaturhinweise notieren
Überarbeiten	**Nachbereitung** – Möglichst bald nach dem Aufnehmen – Aufbau, Verständlichkeit, Gliederung prüfen, wenn nötig ergänzen – Schlagwörter, eigene Gedanken, Querverweise anbringen

C

Vergl. auch »Rationeller Lernen lernen« S. 163ff
- Vorgehen vor allem für Vorträge, Einführungen geeignet
- Auch bei abgegebenen Vervielfältigungen sind Markierungen, Schlagwörter und Anmerkungen zu empfehlen

Fragen zum Thema »Einheimische Singvögel«

- Welche Singvögel gibt es in meiner Umgebung? Wann, wo, wie oft brüten sie? Was fressen sie?
- Welche kenne ich?
- Wie kann ich die anderen unterscheiden?
- Welche sind zahlreich, welche eher selten?
- Welche gab es früher, welche sind vom Aussterben bedroht?
- Welches sind die Gründe für ihren Rückgang, welche Voraussetzungen brauchen sie zum Überleben?
- Wie singen sie, welche erkenne ich am Gesang?

Zusammenfassung: Halten eines Vortrages

Vorbereitung	Manuskript	Nur Stichworte, nicht ausformuliert
	Unterlagen, Hilfsmittel	Folien für Hellraumprojektor, Vervielfältigungen, Bilder, Dias
	Einstieg	Anekdote, Scherz, Frage
	Rezepte gegen Lampenfieber	Vor Bekannten üben, Thema in den Mittelpunkt stellen
Während des Vortrages	Aufbau	Überblick am Anfang (Folie)
	Sprechweise	Deutlich, Tonfall variieren
	Anschaulichkeit	Beispiele, Bilder, Folien
	Körperhaltung	Locker, den Zuhörern zugewandt
Nach dem Vortrag	Rückmeldung	Gelegenheit zu Fragen und Kommentar geben
	Selbsteinschätzung	In Notizen festhalten

Systematische Auseinandersetzung mit Fernseh-Informationen

- Wir *bereiten* uns *gezielt vor:* wir frischen unsere Kenntnisse vor der Sendung auf, schlagen Fachausdrücke im Lexikon nach, lesen Artikel zum Thema nochmals durch, überlegen uns, was wir erfahren wollen.
- Wir halten *Notizpapier und Schreibstifte* bereit, um wichtige Informationen, offene Fragen ebenso wie Literaturhinweise und Adressen von Fachleuten und Auskunftsstellen notieren zu können.
- Wir *schalten* nach der Sendung den Fernseher *ab,* setzen uns nochmals mit den Inhalten auseinander, prüfen und ergänzen unsere Notizen, halten unsere Gedanken und Fragen fest.

Diskussionsleitung

Wichtig sind weniger die Formulierungen als die Grundhaltung: Die Teilnehmer wollen ernst genommen, angehört, aber nicht belehrt oder ermahnt werden.

- Teilnehmer, die viel reden und abschweifen, können mit Hinweisen wie: »Darf ich auf die noch offenen Fragen verweisen«, »Kommen wir zurück zu unserem Thema«, »Wer möchte sich zu diesem Punkt noch äußern?« zurückgeholt werden.
- Beherrscht ein Teilnehmer das Gespräch zu sehr, kann ihm der Diskussionsleiter für seinen Beitrag danken und betonen, daß es nun noch darum gehe, die Sichtweisen der anderen kennenzulernen.
- Wird ein Teilnehmer ausfällig, sollte der Diskussionsleiter möglichst ruhig bleiben und prüfen, was die heftigen Gefühle auslöste.
- Bei der nächsten sich bietenden Gelegenheit kann der schweigende Teilnehmer angesprochen und gebeten werden, seine Ausführungen noch zu ergänzen.
- Der Diskussionsleiter kann darauf hinweisen, daß offenbar noch entscheidende Informationen fehlen, die bis zum nächsten Treffen beschafft werden sollen.

Literaturverzeichnis

Ballstaedt, Steffen-Peter u.a.: »Texte verstehen, Texte gestalten«, Urban und Schwarzenberg. München/Wien/Baltimore 1981

Berkowitz, Leonard: »A Survey of Social Psychology«. 3rd Edition, CBS College Printing 1986

Bierbaum, Georg: »Mehr als Superlearning«. Wissenschaftsverlag Langen Müller Herbig, München 1990

Buzan, Tony: »Kopftraining – Anleitung zum kreativen Denken«. Goldmann, München 1984

Cohn, Ruth: »Themenzentrierte Interaktion. Ein Ansatz zum Sich-selbst- und Gruppenleiten«. In: »Sozialpsychologie«, hrsg. von Annelies Heigl-Evers. Beltz Verlag, Weinheim und Basel 1984

Eccles, John C./Popper, Karl R.: »Das Ich und sein Gehirn«. Piper Verlag, München 1982

Fitger, Cornelia/Rettig, Klaus: »Bewertung natürlicher Lärmformen und Auswirkungen auf Leistungen in einem Rechentest«. Zeitschrift für experimentelle und angewandte Psychologie, 1985, Heft 3

Hunt, Morton: »Das Universum in uns – Neues Wissen vom menschlichen Denken«. Aus dem Amerikanischen übersetzt von Juliane Gräbener. Piper Verlag, München 1984

Iten, Oswald: »Neue Geschichten über die philippinischen Steinzeitmenschen«. Neue Zürcher Zeitung, 2./3.5.1987

»Learning and Motivation in the Classroom«. Edited by Scott G. Paris, Gary M. Olson and Harold W. Stevenson. Lawrence Erlbaum Associates, New Jersey 1983

»Lernen und Verhalten«. Hrsg. von Hans Zeier. Beltz Verlag, Weinheim und Basel 1984

Lorenz, Konrad: »Die Rückseite des Spiegels – Versuch einer Naturgeschichte menschlichen Erkennens«. Piper Verlag, München 1973

Meyrowitz, Joshua: »Die Fernseh-Gesellschaft – Überall und nirgends dabei«. Beltz Verlag, Weinheim und Basel 1987

Postman, Neil: »Wir amüsieren uns zu Tode – Urteilsbildung im Zeitalter der Unterhaltungsindustrie«. S. Fischer Verlag, Frankfurt/M. 1985

Schmid, Reinhard: »Wegweiser zur Berufswahl«. Winkel b. Bülach 1986

Schräder-Naef, Regula: »Keine Zeit? Sinnvolle Zeiteinteilung im Alltag«. Beltz Verlag, Weinheim und Basel, 2. Aufl. 1987

Schräder-Naef, Regula: »Was ist wissenswert? Selbsthilfe in der Informationsflut«. Beltz Verlag, Weinheim und Basel 1987b
Schräder-Naef, Regula: »Rationeller Lernen lernen – Ratschläge und Übungen für alle Wißbegierigen«. Beltz Verlag, Weinheim und Basel, 16. Aufl. 1990
Schräder-Naef, Regula: »Lerntraining für Erwachsene«. Beltz Verlag, Weinheim und Basel 1991
Seiwert, Lothar J.: »Mehr Zeit für das Wesentliche«. Verlag moderne Industrie, Landsberg am Lech 1984
Sterner, Siegfried: »Die Informationsflut bewältigen«. Econ Verlag, Düsseldorf/Wien 1979
Tausch, Reinhard/Tausch, Anne-Marie: »Erziehungs-Psychologie. Begegnung von Person zu Person«. Verlag für Psychologie, Göttingen, 8. Aufl. 1977,
Vester, Frederic: »Denken, Lernen, Vergessen – Was geht in unserem Kopf vor, wie lernt das Gehirn und wann läßt es uns im Stich?«. dtv Sachbuch, München 1978
Vester, Frederic: »Neuland des Denkens – Vom technokratischen zum kybernetischen Zeitalter«. Deutsche Verlags-Anstalt, Stuttgart 1980
Wember, Bernward: »Wie informiert das Fernsehen? Ein Indizienbeweis«. List Verlag, München 1976
Wessels, Michael: »Kognitive Psychologie«. Aus dem Amerikanischen übersetzt von J. Gerstenmaier. Harper & Row, New York 1984

Quellen

S. 23 Bowrer & Clark, 1969, zitiert von M. Wessells, 1984
S. 24 Held & Hein, 1963, zitiert von J. Eccles, 1977
S. 30 Nach »Tom Sawyer« von Mark Twain
S. 35 L. Berkowitz, 1986
S. 38 Learning and Motivation,1983
S: 44 C. Fitger & K. Rettig, 1985
S. 57 D. Dörner, zitiert in F. Vester, 1980
S. 58 John Nance »Tasaday – Steinzeitmenschen im philippinischen Regenwald«, Umschlagklappe, München, 1977 – O. Iten, 1987
S. 63 T. H. Anderson, zitiert in Ballstaedt u.a., 1981
S. 66 Frase & Schwartz, zitiert in Ballstaedt u.a., 1981
S. 68 S. P. Ballstaedt u.a., 1981, S. 18
S. 76 Aus »Momo« v. Michael Ende, S. 15
S. 90 Aus »Kopftraining« v. Tony Buzan, 1984
S. 92 »Staat, Wirtschaft, Gesellschaft«, Pädagogische Abteilung der Erziehungsdirektion des Kantons Zürich, 1983, S. 21
S. 95 B. Wember, 1976
S. 146 Zitiert v. R. & A. Tausch, 1977